ADOLF VON OECHELHÄUSER

DAS HEIDELBERGER SCHLOSS

ACHTE AUFLAGE

BESORGT VON JOACHIM GÖRICKE

VERLAG BRIGITTE GUDERJAHN
HEIDELBERG

8. Auflage 1987
mit Anmerkungen und dem Kapitel
„Die Heidelberger Schloßruine im Rahmen der romantischen Bewegung"
von Joachim Göricke

X und 125 Seiten Text, 28 Seiten Tafeln
(mit 38 Abbildungen, davon 11 vierfarbig),
4 Textabbildungen und ein Plan

Reproduktion des Textteils (Seite 1–95, 107–116) nach der im
Verlag Dr. Johannes Hörning, Heidelberg, erschienenen 7. Auflage 1955
Lithos der Bildteile: Schneider Repro, Heidelberg · Gesamtherstellung:
Heidelberger Verlagsanstalt und Druckerei, Heidelberg

Zur Einführung

Im Auftrage des Heidelberger Schloßvereins verfaßte Adolf von Oechelhäuser (1852 – 1923) im Jahre 1891 den vorliegenden Schloßführer. 1955 erschien – bearbeitet von Emil Hartmann und Aloys Wannemacher – die siebte Auflage. Sie ist die Grundlage der hier vorgelegten Neuauflage.

Veränderte Reise- und Konsumgewohnheiten haben den außerordentlich klar und sachlich verfaßten Schloßführer beinahe in Vergessenheit geraten lassen, wandte er sich doch nicht an die „eilig durch die Ruinen wandernden Fremden", ein heute fast typisch zu nennendes Erscheinungsbild, sondern „an den gebildeten Laien, der, ein Freund des Schlosses, diesem aufrichtiges Interesse entgegenbringt". Diesem speziellen Kreis möchte der Verlag die fundierte, handliche Schloßdarstellung in aktualisierter Fassung wieder zugänglich machen.

Oechelhäuser hatte mit der Veröffentlichung über das Heidelberger Schloß nicht nur dem Schloßverein, als dem Träger zahlreicher Anregungen und Verdienste um die Ruine, einen Dienst erwiesen. Sie qualifizierte ihn selbst schließlich zum kompetenten Herausgeber des heute längst vergriffenen und als Rarität gesuchten Inventarbandes „Die Kunstdenkmäler des Großherzogtums Baden, Amtsbezirk Heidelberg", der 1913 erschien.

Die Neuauflage soll zwei Entwicklungen gerecht werden: erstens der fortschreitenden Sanierung der Ruine durch teilweise aufwendige Maßnahmen zu ihrer Konservierung und Sicherung und zweitens neueren Erkenntnissen und Ergebnissen aus Forschung und Sichtung. Um die eingetretenen Veränderungen der letzten Jahre leichter aufzuzeigen, ohne das Gesamtbild der Neuauflage durch umfangreiche Fußnoten zu stören, sind auf Seite 95 ff. Ergänzungen beigefügt, auf die im Text durch Marginalien hingewiesen wird. Ein eigenes Kapitel ist der Bedeutung der Heidelberger Schloßruine im Rahmen der romantischen Bewegung gewidmet. Der Bildteil lehnt sich an denjenigen der siebten Auflage aus dem Jahre 1955 an, führt aber – insbesondere durch Zeichnungen der großen Bauaufnahme des Schlosses von Julius Koch und Fritz Seitz aus dem Jahre 1891 – wesentliche Bauelemente des Schlosses exakter vor Augen.

Somit wird durch Text und Bild – wie Herausgeber und Verlag hoffen – dem über den plakativen Reiz hinaus interessierten Schloßbesucher wieder eine handliche Hilfe geboten.

Besonderen Dank schulden Herausgeber und Verlag dem Heidelberger Schloßarchiv und seinem Verwalter, Herrn Helmut Köhler.

Heidelberg, im Oktober 1986 — JOACHIM GÖRICKE

Inhaltsverzeichnis

Geschichte des Schlosses und seiner Fürsten

Beschreibung der Schloßbauten

Anhang

Verzeichnis der Tafeln und Abbildungen

Tafeln

Nach Seite

Umschlagabbildung

Textabbildungen

Geschichte des Schlosses und seiner Fürsten

Von der Gründung des Schlosses bis zum Tode Ludwigs V.

Etwa 1300 bis 1544

Heidelberg tritt in der Geschichte — wenn auch noch nicht urkundlich beglaubigt — zuerst unter Konrad von Hohenstaufen auf, der 1147, nach dem Tode seines Vaters, des Herzogs Friedrich von Schwaben, mit seinem Halbbruder Friedrich Barbarossa das Erbe so geteilt hatte, daß er die rheinfränkischen Lande erhielt. Die Erlangung der Würde eines Pfalzgrafen bei Rhein erfolgte erst 1155.

Die von alten und neuen Schriftstellern wiederholt aufgestellte Behauptung vom römischen Ursprung der Stadt Heidelberg entbehrt jeder geschichtlichen Grundlage. Der Ausgang des Neckartals wurde zur Römerzeit durch eine auf dem rechten Ufer, im jetzigen Neuenheim, gelegene Militärstation beherrscht. Am linken Ufer war nur eine kleinere Ansiedlung, wahrscheinlich in Verbindung mit einem Brückenkopf, der zum Schutze der in der Gegend der jetzigen Thibautstraße mündenden Brücke diente. Auch die alte Nachricht des Franciscus Irenicus („Exegesis Germaniae" 1518), daß an der Stelle von Heidelberg um 1100 ein Kloster der Heiligen Maria in der Einöde gestanden habe, um das sich dann Fischer- und Schifferhütten angesiedelt hätten, ist in den Bereich der Fabeln zu verweisen.

Die Behauptung Ludwig Häussers, des berühmten Verfassers der „Geschichte der Rheinischen Pfalz", daß Konrads Hauptsitz die Burg auf dem heutigen Schloßberg, dem Jettenbühl*, gewesen sei, ist nicht erweisbar. Jedenfalls kommt der Name einer Burg in Heidelberg („castrum in Heidelberg cum burgo ipsius castri") urkundlich erst 1225 vor, als Ludwig I. (1214—1228) diese Burg vom Bischof Heinrich von Worms als Lehen erhielt. Mit diesem Ludwig kam die ältere Linie des bayrischen Geschlechtes der Wittelsbacher auf den Thron der rheinischen Pfalz, deren Geschichte fortan mit der jenes mächtigen Hauses bis in den Beginn des 19. Jahrhunderts verbunden bleiben sollte.

Von einer Burg in Heidelberg ist zuletzt 1294 die Rede. In einer Urkunde von 1303 hören wir erstmalig von zwei Burgen: der oberen Burg auf dem Kleinen Gaisberg und der unteren auf dem Jettenbühl. Die beiden Burgen kommen auch in Urkunden der Jahre 1313 und 1323 und im Vertrag von Pavia 1329 vor, in dem Kaiser Ludwig IV., der Bayer, die Lande, die seinem auf der gegnerischen Seite stehenden Bru-

* Der Berg hieß 1365 „Geltenpogel" (= „Jungviehhügel"), 1436 „Gettenpuhel" und wurde erst im 16. Jahrhundert mit der Seherin Jetta in Verbindung gebracht und „Jettenbühl" („bühel" = Hügel) genannt.

der, dem Pfalzgrafen Rudolf I., entrissen waren, dessen beiden rechtmäßigen Erben wieder zurückgibt. Dort heißt es: „Heidelberch, die obern und nidern burch und die stat.“

Die Tatsache steht somit fest, daß zu Beginn des 14. Jahrhunderts zwei kurfürstliche Burgen oberhalb der Stadt gelegen haben. Die Aufdeckung eines Fensters in der westlichen Giebelwand des Gläsernen Saalbaues durch Oberbaurat Professor Karl Schäfer
Anm. 1 siehe S. 95
(1897) hat aber ergeben, daß bereits in den ersten Jahrzehnten des 13. Jahrhunderts das Plateau, auf dem das untere Schloß liegt, bebaut gewesen ist. Durch diesen Fund ist die bisherige Annahme von der Aufeinanderfolge der beiden Burgbauten „ob der Stadt“ ins Wanken gekommen und der Anfang der Bautätigkeit auf dem Gelände des unteren Schlosses plötzlich um ein Jahrhundert rückwärts datiert worden. Danach könnte die untere Burg, von der das erwähnte Fenster stammt, die ältere Anlage gewesen sein, und die obere, bisher als älter betrachtete Burg würde die jüngere Anlage darstellen, während doch anderwärts die Geschichte gerade das umgekehrte Verhältnis zeigt (z. B. in Baden-Baden), daß nämlich mit vorschreitendem Mittelalter die Burgen sich immer mehr von den höheren nach den tiefer liegenden Punkten hinabziehen und an die in ihrem Schutz erblühten Städte näher heranrücken. Den besten Ausweg aus diesem Dilemma scheint mir die Annahme zu bieten, daß jenes Fenster nicht der Überrest eines Gebäudes ist, das zu einer Burg gehörte, sondern jener alten Baulichkeit angehört hat, die Hubertus Thomas Leodius, der Historiograph und Sekretär Friedrichs II., noch an der Stelle gesehen haben will, auf der sein Herr den Gläsernen Saalbau errichtet habe. Er spricht hierbei von einem „fanum Jetthae“, also von einem Heiligtum jener sagenhaften alten Seherin, das vielleicht zu Beginn des 13. Jahrhunderts erneuert worden war. Wir werden somit nach wie vor daran festhalten dürfen, daß die obere Burg die ältere, die untere die jüngere Anlage ist*.

Fassen wir zunächst die obere Burg ins Auge, die an der Stelle der jetzigen Molkenkur gestanden hat. Die heute dort noch vorhandenen Baureste können von der Art und dem Umfang der ehemaligen Anlage keine Vorstellung mehr geben. Nachdem am 25. April 1537 das mit Kriegsmaterial und Pulver angefüllte Hauptgebäude infolge eines Blitzschlages in die Luft geflogen war, wurde zu Anfang des Dreißigjährigen Krieges aus den Trümmern des alten Herrschersitzes an derselben Stelle eine Befestigung errichtet, die im Orléansschen Kriege vollständig zerstört worden ist. Zum Glück besitzen wir einige Anhaltspunkte für das frühere Aussehen in zwei kleinen Ansichten, die kurz vor der Zerstörung aufgenommen sind. Die eine befindet sich auf jenem aus dem Jahr 1526 stammenden Holzschnitt des „Calendarium Hebraicum“ von Sebastian Münster, der zugleich die älteste Abbildung von Stadt und Schloß Heidelberg darstellt, die andere auf einer dem Ottheinrich zugeschriebenen

* Das Problem, welche Burg die ältere ist, blieb bis heute ungelöst; die Ansichten der Heidelberger Heimatforscher gehen auseinander.

Skizze von 1537. Die Ausgrabungen, die 1900 und 1901 auf dem Gelände der jetzigen Molkenkur durch Professor Pfaff vorgenommen worden sind, haben nur geringe Resultate, aber im großen und ganzen die Richtigkeit der Skizze ergeben.

Die Wichtigkeit dieses Außenforts für den Kriegsfall liegt auf der Hand. Zu seiner Verstärkung wurde später in direkter Verbindung mit dem Hauptwerk noch ein südöstlich gelegenes kleines Vorwerk, „das Affennest", am Abhang des Königstuhls weiter hinauf vorgeschoben, um dessen Besitz von den Schweden wie von den Franzosen heftig gekämpft worden ist.

Die erwähnte Skizze trägt folgende Inschriften: oben links „Alt Schloß in Haidelberg 1537", darunter „Oth. Henrich p.", unterhalb der Zeichnung von anderer Hand geschrieben „Otth Henrich pfalsgrawe" (der Rest undeutlich). Durch den unerwarteten Fund jenes kleinen, im zweiten Bande der „Mitteilungen des Heidelberger Schloßvereins" reproduzierten Holzschnittes im „Calendarium Hebraicum" hat diese Skizze eine weitere bedeutsame Bestätigung gefunden, da auch dort die nördliche Mauer beiderseitig mit Ecktürmen versehen und von einem hohen Wohnbau überragt erscheint. Von dem Aussehen der Trümmer nach 1537 geben einige Abbildungen des 17. Jahrhunderts Kunde, welche die beiden vor der Zerstörung aufgenommenen Ansichten zum Teil ergänzen.

Über den Zeitpunkt der Gründung des unteren Schlosses sind wir nach wie vor lediglich auf die Tatsache angewiesen, daß die untere Burg zwischen 1294 und 1303 entstanden sein muß.

Die Gründungshypothesen sind fast so alt wie die Beschäftigung mit der Geschichte des kurfürstlichen Residenzschlosses überhaupt. Die ältesten Werke, die sie erwähnen, wie der in Darmstadt befindliche „Thesaurus Picturarum" des pfälzischen Kirchenrats Markus zum Lamb, der in den beiden Palatina-Bänden die Zeit von 1559 bis 1606 umfaßt, ferner die von dem Heidelberger Bibliothekar und Professor Pithopoeus 1587 begonnenen „Annales Academici Heidelbergenses", Marquard Frehers „Originum Palatinarum Commentarius" (1599) sowie das „Teutsche Reyssebuch" (Straßburg 1632, als „Itinerarium Germaniae" 1674 wieder abgedruckt) des Martin Zeiller, — alle diese Werke enthalten in ihren unkritischen und meist recht oberflächlichen Notizen nichts Ernsthaftes darüber, dagegen nennt bereits der Verfasser von Merians „Topographia Palatinatus Rheni" von 1615 den Kurfürsten Ludwig V. (1508—1544) als denjenigen, der „vor hundert und etlichen Jahren hat ein neu Schloß angefangen zu bauen", und auf die Autorität Merians stützen sich dann hierbei die meisten Beschreibungen des Schlosses bis ins 18. Jahrhundert hinein.

Eine neue Auffassung tritt in C. L. Tolners 1700 erschienener „Historia Palatinata" entgegen. Hier wird Philipp (1476—1508) als Gründer des Schlosses auf dem Jettenbühl angeführt, und der Handschuhsheimer Pfarrer Johann Peter Kayser schließt sich in seinem verdienstvollen Werk dieser Annahme getrost an. Das Bestreben, die Gründungszeit noch weiter rückwärts zu verlegen, offenbart sich sodann in der Beschreibung Friedrich Peter Wundts, der darauf hinweist, daß bereits von Ruprecht I. (1353—1390) die später so berühmte Hofkapelle auf dem Jettenbühl errichtet worden sei. Trotzdem er den Vertrag von Pavia und die dort vorkommende Erwähnung beider Burgen kennt, wagt er aber nicht, Ludwig II. oder dessen Sohn Rudolf I. als mutmaßliche Erbauer des unteren Schlosses in Vorschlag zu bringen.

Dies war erst dem Professor der Architektur an der Heidelberger Universität Thomas Alfried Leger vorbehalten, der in seinem 1815 zuerst erschienenen „Führer für Fremde durch die Ruinen des Heidelberger Schlosses" ohne weitere Angabe von Gründen Rudolf I. als Erbauer hinstellt. Einen eigentümlichen Standpunkt dem gegenüber vertritt Metzger in seiner höchst verdienstvollen „Beschreibung des Heidelberger Schlosses und Gartens“ von 1829. Er möchte die ursprüngliche Anlage noch weiter zurückdatiert wissen und die ersten Pfalzgrafen dafür in Anspruch nehmen. Dagegen hat Wilhelm Oncken in seiner trefflichen Arbeit über „Stadt, Schloß und Hochschule Heidelberg“ (3. Aufl. 1885) die Legersche Auffassung zu der seinigen gemacht und die Jahre zwischen 1294 und 1298 als mutmaßliche Gründungszeit vorgeschlagen. Wir haben gesehen, wie Metzgers Vermutungen durch den Fensterfund eine unerwartete Bestätigung gefunden haben.

Die von dem Schloßbaubüro angestellten Untersuchungen des Mauerwerks und des Baugrundes haben von einem Schlosse aus der Zeit Ludwigs I. oder Rudolfs I. keine Spuren ergeben. Da die untere Burg aber urkundlich 1303 bezeugt ist, muß sie Ende des 13. Jahrhunderts erbaut worden sein. Sie wird in ihrer ganzen Anlage sich nicht wesentlich von dem späteren Schlosse des 15. Jahrhunderts unterschieden haben.

Auf dem höchsten Punkte (der Stelle des jetzigen Gesprengten Turms) haben wir uns etwa den Bergfried, das Hauptbollwerk und den Hauptzufluchtsort der Verteidiger, zu denken, an diesen anschließend gegen Süden die hohe Schildmauer mit dem tiefen Felseinschnitt („Halsgraben“) davor, ferner eine starke, rings am Abhang herlaufende Umfassungsmauer („Zingel“) mit runden Ecktürmen und schließlich im Innern, teils freistehend, teils an die Zingel angelehnt, eine Anzahl Wohnbauten: vor allem das Repräsentationshaus (Palas) mit der Türnitz und das heizbare Wohnhaus (Kemenate) mit der Kapelle; daneben zahlreiche Räume für Dienerschaft, Besatzung und Vorräte. Daß damals auch bereits eine zweite, äußere Ringmauer mit dem „Zwinger“, also dem Raum zwischen der inneren und äußeren Mauer, vorhanden war, ist wahrscheinlich, da die Anwendung von ausgedehnten Zwingeranlagen bereits allgemein üblich war.

Seit der Zeit, in welche die ersten urkundlichen Erwähnungen fallen, klafft eine weite Lücke in der Baugeschichte des Schlosses. Im Verlauf des 14. Jahrhunderts ist aus den vorhandenen Urkunden und Aufzeichnungen so gut wie nichts zu entnehmen. Wir erfahren nur, daß Ruprecht I. dem heiligen Udalrich, Bischof von Augsburg, 1346 eine Kapelle auf dem Schloß stiftete und mit reichen Renten versah; ihre Lage wird nicht angegeben.

Das 14. Jahrhundert hatte ein schnelles Emporblühen des pfälzischen Hauses gesehen. Der segensreichen, langen Regierung Ruprechts I. (1329—1390), des Gründers der Universität, war die ungleich kürzere Wirksamkeit seines Neffen Ruprecht II. (1390 bis 1398) gefolgt. Unter ihm hatte sich die Ausdehnung der Stadt Heidelberg verdoppelt, da die Bewohner des etwas weiter unterhalb am Neckar gelegenen Dorfes Bergheim gezwungen worden waren, ihre Häuser abzubrechen und sich in der westlich an Heidelberg grenzenden „Vorstadt“ anzusiedeln. Aber auch der Umfang und die Bedeutung des pfälzischen Gebietes waren unter den beiden Herrschern wesentlich vermehrt worden. Die „Pfalz“ war 1356 zur ersten weltlichen Machtstelle im Kurfürstenkollegium vorgerückt, und das Heidelberger Schloß wurde als Residenz des obersten Richters und Reichsvikars während der Erledigung des deutschen Königsstuhles zugleich Sitz der Reichsverwaltung.

Daß unter diesen Umständen an eine Vergrößerung, Verstärkung und Verschönerung des Schlosses gedacht werden mußte, liegt auf der Hand. Als Ruprecht III. (1398 bis

1410) Deutscher König geworden war, herrschte im Schloß solcher Raummangel, daß er bei seiner Rückkehr von der Königskrönung (6. Januar 1401) sein Hoflager unten in der Stadt, im Augustinerkloster, dessen versunkene Reste unter dem Universitätsplatz liegen, aufschlagen mußte. Jetzt galt es, einerseits Raum zur Entfaltung fürstlichen Gepränges, wie solches sich dem Hofhalt eines Königs geziemte, und zur Unterbringung eines zahlreichen Beamten- und Hofstaates zu schaffen, anderseits aber auch gemäß den Fortschritten der Kriegskunst aus der mittelalterlichen Burg zugleich eine uneinnehmbare Festung zu machen, die ebenso die Stadt wie den belagernden Feind in Schach zu halten vermochte.

Haben die bautechnischen Untersuchungen, wie bereits erwähnt, für die Kenntnis vom Umfang und von der Art der ältesten Schloßanlage keine Anhaltspunkte ergeben, so lassen sich doch Art und Umfang der Schloßbefestigung sowie einiger Wohnbauten des 15. Jahrhunderts mit ziemlicher Sicherheit bestimmen. Es sind nämlich mehrere ältere Mauerzüge vorhanden, die heute noch teils jüngeren Aufbauten zur Grundlage dienen, teils im Boden an verlassenen Stellen wieder entdeckt worden sind. Sie unterscheiden sich im Material und in der Technik nicht unwesentlich von dem Mauerwerk der darauf folgenden Bauperiode. Auch ein ungeübtes Auge erkennt z. B., daß die Ostwand des Ottheinrichsbaues auf einem älteren, aus größeren Steinen und in unregelmäßigem Verbande ausgeführten Mauerzuge ruht, der ungefähr in Fußbodenhöhe des Hauptgeschosses abschneidet. Ebenso sind an der Nord- und Westseite mehr oder minder zusammenhängende Stücke älterer Einfassungsmauern zu unterscheiden, denen im Innern parallellaufende, schwächere Mauerzüge entsprechen. Im Zusammenhang hiermit stand die Anlage von Flankierungstürmen, von denen freilich nur die drei auf der Ostseite gelegenen in ihren unteren Teilen als zu dieser älteren Anlage gehörig betrachtet werden können. Ferner hat sich bei Ausgrabungen im Süden eine frühere Toranlage ergeben, und auch bei einigen Wohnbauten — wie dem Ruprechts-, Ludwigs- und Gläsernen Saalbau — läßt sich die Benutzung älterer Reste mit Sicherheit nachweisen.

Der Umfang des kurfürstlichen Schlosses im 15. Jahrhundert entspricht im ganzen dem des heutigen mit Abzug der westlich und südlich gelegenen Vorbauten, die (wie der Stückgarten, der Dicke Turm und das Zeughaus) ursprünglich nur Verteidigungszwecken dienten oder (wie der Englische Bau und das Faßhaus) als nicht fortifikatorische Bauten zwischen jene eingeschoben worden sind.

Wir unterscheiden zunächst eine innere und äußere Ringmauer. Die den Schloßhof umgebende innere Ringmauer zog sich vom höchsten Punkt des Plateaus, von der am Gesprengten Turm gelegenen südöstlichen Ecke aus, nach Westen bis zum früheren Torturm hin und darüber hinaus bis zur südwestlichen Ecke, an die sich der Ruprechtsbau anlehnt. Von hier aus lief sie im Westen in zwei durch das Gelände bedingten flachen Knicken bis zur Nordwestecke des Frauenzimmerbaues, wo sie abermals im rechten Winkel umbog und sich bis zur Nordostecke am Glockenturm erstreckte. Den Abschluß des inneren Ringes bildete die Ostmauer, die mit einem stumpfen Winkel in der Mitte gegen unseren Ausgangspunkt am Gesprengten Turm auslief. Von dieser alten Ringmauer sind einzelne Teile noch in Stockwerkshöhe als Außenmauern der betreffenden Wohnbauten, die sich daran anlehnen, erhalten; ein anderer Teil liegt unter dem Erdboden, und nur einen verhältnismäßig kleinen Rest (z. B. in der Mitte der Nord- und Ostmauer) hat man bis auf die Fundamente abgebrochen, um den Bauten Friedrichs IV. und Ottheinrichs Platz zu schaffen. Technik und Material sind durchaus gleich: roh behauene Quadern von ungleicher Größe in ungleichen Schichtenhöhen und in losem Verbande. Dem südlichen Hauptzugange wird auch damals schon ein dem direkten Verkehr mit der Stadt dienender, aber nur für Fußgänger bestimmter zweiter Eingang in der Nordmauer entsprochen haben.

Um diese innere Abschlußmauer, deren Stärke zwischen 1 und 2 m wechselt, zieht sich in ungleichem Abstand eine zweite äußere Ringmauer herum, die aus größeren, roh behauenen und unregelmäßig geschichteten Bruchsteinen (vielfach mit Versetzlöchern darin) besteht und gleichfalls sehr verschiedene Stärke aufweist. Vollständig erhalten ist sie im Osten, wo sie deutlich erkennbar den an dieser Seite errichteten jüngeren Bauten, so besonders dem Ottheinrichsbau, als Unterbau für die Ostfront dient, während von der in gleich starken Abmessungen (ungefähr 4 m) gehaltenen Westmauer nur noch der mittlere Teil vorhanden ist, auf den die Westwand des Bibliotheksbaues aufgesetzt wurde. Die entsprechenden Mauerzüge im Süden und Norden sind wesentlich schwächer gehalten. Die Nordmauer läuft vom Glockenturm aus unter dem späteren Zeughause, Altan und Faßbau her nach Westen und wird dort wohl ebenso wie die Westmauer in einem Flankierungsturm geendet haben. Ist hier die geringe Stärke dadurch erklärlich, daß von den der Stadt gegenüberliegenden Höhen jenseits des Neckars eine erfolgreiche Beschießung beim damaligen Stande der Schießkunst nicht zu erwarten und das Schloß auf dieser Seite durch die Stadtbefestigung mit gedeckt war, so ist dagegen auffällig, daß die entgegengesetzte, dem Berghang zugewandte Seite, die sonst am stärksten durch gewaltige Schildmauern gedeckt zu werden pflegte, eine ebenso geringe Mauerstärke aufweist. Man scheint sich hier tatsächlich auf den Schutz des oberen Schlosses verlassen zu haben und von der Anschauung ausgegangen zu sein, daß bei den gegebenen Geländeverhältnissen eine vollkommene Sicherung gegen die beherrschenden Höhen doch nicht zu erzielen gewesen wäre. Um so massiger wurde hier der Eckturm errichtet, und durch einen tiefen Grabenquerschnitt war die Verteidigungsmöglichkeit auf dieser Seite verstärkt. Auch in der Südwestecke wird ein Turm ungefähr an der Stelle des jetzigen „Seltenleer" den Abschluß gebildet haben.

Die drei alten Turmanlagen der Ostseite stammen aus dieser Zeit. Die Abmessungen sind auch hier ganz gewaltig, besonders die der äußeren, vor der Mauer liegenden Schale, die in der Regel stärker gehalten zu werden pflegte, so daß der Mittelpunkt des inneren Hohlraumes sich nicht mit dem Mittelpunkt des äußeren Kreises deckt. Der zwischen jenen beiden Ringmauern ringsum laufende freie Raum hieß der

1. Das Schloß mit dem sog. Hasengarten, um 1590. Kurpfälzisches Skizzenbuch.

2. Blick vom Friesenweg auf Stadt und Schloß, um 1590. Kurpfälzisches Skizzenbuch.

3. Heidelberg, Blick vom Philosophenweg, um 1590. Kurpfälzisches Skizzenbuch.

4. Das Heidelberger Schloß von Süden, um 1590. Kurpfälzisches Skizzenbuch.

5. Das Schloß von Norden, um 1683. Radierung von Johann Ulrich Kraus.

6. Der Schloßhof nach Norden, um 1683. Radierung von Johann Ulrich Kraus.

7. Der Schloßhof nach Osten, um 1683. Radierung von Johann Ulrich Kraus.

8. Das Heidelberger Schloß von Nordwesten, 1803. Radierung von Johann Georg Primavesi.

9. Der Altan des Heidelberger Schlosses nach Osten, 1803. Radierung von Johann Georg Primavesi.

10. Der Schloßhof mit Brunnenhalle und Ruprechtsbau, 1803. Radierung von Johann Georg Primavesi.

11. Schloßhof mit Blick auf Friedrichs- und Ottheinrichsbau, 1803. Radierung von Johann Georg Primavesi.

12. Der Ottheinrichsbau des Heidelberger Schlosses, 1803. Radierung von Johann Georg Primavesi.

13. Das Heidelberger Schloß von Südwesten, 1803. Radierung von Johann Georg Primavesi.

Zwinger. Wie die meisten Fortschritte im Befestigungswesen des hohen Mittelalters, so verdankt das Abendland auch diese Zwingeranlagen der aus den Kreuzzügen gewonnenen Kenntnis des orientalischen Burgen- und Städtebaues. Der Zwinger war ursprünglich nur als Verbindungs- und Zwischenraum zwischen der äußeren und inneren Verteidigungslinie angeordnet und wiederholte sich bei abfallendem Gelände oft zwei- und dreimal etagenweise übereinander, erhielt aber bald eine veränderte Bestimmung.

Die etwa seit der Mitte des 15. Jahrhunderts eingetretene Vervollkommnung der Feuerwaffen, sowohl für den Angriffs- wie für den Verteidigungskrieg, hatte eine Verstärkung, aber auch eine Erniedrigung der Türme und Mauern zur Folge. Auf die Plattform der Türme wurden Feuerschlünde gestellt, vor allem aber auch der umlaufende Zwinger zur Armierung mit Geschützen hergerichtet. Zu diesem Zweck schüttete man in den meisten Fällen einen breiten Wall hinter die äußere Ringmauer, auf dem die Geschütze, deren Bedienung durch eine Tablettenmauer gedeckt wurde, Platz fanden. Um diese Anschüttung nicht zu hoch machen zu müssen und dem durch die Last der Geschütze vermehrten Erddruck genügenden Widerstand entgegensetzen zu können, erschien eine Verminderung der Höhe und eine entsprechende Verstärkung des Mauerzuges erforderlich. Hieraus erklärt sich auch die ungewöhnliche Dicke unserer Mauern im Osten und Westen, wo freilich ohnehin schon die starke Neigung des Bodens größere Mauerstärke bedingt hatte.

Die Reste der älteren Wohnbauten sind fast durchweg an die innere Ringmauer angelehnt, z. B. an der Stelle des jetzigen Ludwigsbaues, des Saalbaues, des Frauenzimmerbaues und des Ruprechtsbaues. Die Erhaltung dieser Reste ist verschieden; teils ragen sie, wie im südlichen Teile des Ruprechtsbaues und des Ludwigsbaues, auf Stockwerkshöhe über den Boden heraus, teils dienen sie nur noch als Grundmauern der späteren Gebäude, wie am Gläsernen Saalbau und am nördlichen Teil des Frauenzimmerbaues.

Die Entstehungszeit dieser nach einheitlichem Plan hergestellten älteren Befestigungsanlage ist nicht genau zu bestimmen. Zierteile, die stilistische Anhaltspunkte bieten könnten, fehlen ganz, und die Technik des Mauerwerks an und für sich läßt, wie meistens, keine sichere Datierung zu. Im großen und ganzen kann man aber die Mitte des 15. Jahrhunderts als Entstehungszeit annehmen, wobei nicht ausgeschlossen ist, daß einzelne Teile (z. B. der Teil der inneren Umfassungsmauer, an die der Ruprechtsbau anlehnt) bereits mehrere Jahrzehnte früher entstanden sind.

Anm. 2 siehe S. 95

Das 15. Jahrhundert war für die Pfalz reich an kriegerischen Verwicklungen. Nach Ruprechts, des Deutschen Königs, Tode (1410) war eine Teilung des Gebietes unter dessen vier Söhne erfolgt, wodurch ein großer Teil der alten pfälzischen Territorialmacht von den Kurlanden getrennt und unter selbständige Verwaltung gebracht wurde. Die pfälzischen Stammlande und die Kur gingen auf den ältesten Sohn Ludwig III. (1410—1436) über. Gleich in den Anfang seiner Regierung fielen jene erbitterten

Wahlkämpfe, in denen drei Bewerber um die Nachfolgerschaft seines Vaters auftraten, während gleichzeitig drei Päpste sich den Stuhl Petri streitig machten.

Wie Ludwig die Wahl Siegmunds (Kaiser 1410—1437) von vornherein aufs kräftigste unterstützt hatte, so zeigte er sich auch als energischer und kluger Vermittler in den schismatischen Verwicklungen des Konstanzer Konzils. Als Stellvertreter des Kaisers
Anm. 3 siehe S. 95
und oberster Richter brachte er 1415 den abgesetzten Papst Johann XXIII. zunächst auf das Heidelberger Schloß in Gewahrsam. Die dann folgenden Verwicklungen mit Siegmund, die Ludwig wiederholt in kriegerische Unternehmungen hineinzuziehen drohten, fanden auf dem hauptsächlich des Hussitenkrieges wegen berufenen Nürnberger Reichstage 1422 eine befriedigende Lösung. Nach glücklicher Beilegung der Fehde gegen Markgraf Bernhard von Baden benutzte Ludwig die kurze Friedenszeit zu einer Fahrt ins Gelobte Land. Bald aber zogen neue kriegerische Verwicklungen herauf, und viel fehlte nicht, so wären auch die rheinpfälzischen Lande von dem Verheerungszuge der Hussiten heimgesucht worden. Mitten in den Vorbereitungen zu einem gemeinsamen energischen Vorgehen gegen die böhmischen Ketzer entfielen dem durch körperliche Leiden gebrochenen Kurfürsten die Zügel der Regierung, die trotz der Ungunst der Zeiten für die innere Verwaltung, besonders auch für die Entwicklung der Universität Heidelberg, segensreich gewesen war. Unter der fünfjährigen vormundschaftlichen Regierung, die Otto, der jüngste der Brüder Ludwigs III., für seinen unmündigen Neffen Ludwig geführt hat, trat eine kurze Ruhepause in den politischen Verwicklungen der Pfalz ein, und auch die Regierung Ludwigs IV. (1437 bis 1449) verlief im ganzen friedlich und ohne sonderliche kriegerische Ereignisse.

Um so höher gingen die Wogen des Krieges unter Ludwigs IV. Bruder Friedrich I. (1449—1476), der anfangs als Vormund seines Neffen Philipp, von 1452 an als Kurfürst die Geschicke von Kurpfalz leitete und unter dem Namen des „Siegreichen" oder des „Pfälzer Fritz" eine der populärsten Figuren unter den Herrschern geworden ist. Die Lützelsteinsche Fehde machte den Anfang. Ein schnelles, siegreiches Vorgehen nach langen Verhandlungen brach den Trotz der Feinde; die Grafschaft Lützelstein wurde dem pfälzischen Lande einverleibt. Dann erfolgte die Unterwerfung Ambergs, der unbotmäßigen Hauptstadt der Oberpfalz, die durch Handstreich genommen und hart bestraft wurde. Nicht minder erfolgreich war Friedrichs Auftreten gegen seinen Vetter, den Pfalzgrafen Ludwig von Veldenz. Auch sehen wir den jungen Herrscher an der Spitze der Kurfürsten, die eine Besserung der Verhältnisse im Reich als unaufschiebliche Notwendigkeit betrachteten und auf dem eigenmächtig berufenen Nürnberger Reichstage des Jahres 1456 dem Kaiser Friedrich III. Vorhaltungen machten. Bekannt ist, wie dieser einmütige Anlauf unter dem Klingen des habsburgischen Goldes kläglich genug im Sande verlief.

Bald darauf brachten neue kriegerische Verwicklungen den Fürsten und sein Land in schwere Bedrängnis. Die meisten deutschen Reichsfürsten — Brandenburg, Mainz, Veldenz, Württemberg, Baden an der Spitze — standen Ende 1459 unter offener

Protektion des Kaisers gegen Friedrich in Waffen. Alte Gebietsstreitigkeiten bildeten den Vorwand, in Wahrheit war es aber die gemeinsame Eifersucht auf das Emporwachsen der kurpfälzischen Macht, die den Gegnern das Schwert in die Hand drückte. Friedrich, der gegen diese Übermacht nur seinen Vetter Ludwig von Bayern, Ludwig von Hessen und einige Städte zur Seite hatte, sah bald seine Lande von feindlichen Scharen überschwärmt, die Städte und Dörfer in Rauch aufgehen, die Einwohner geplündert, die Saaten vernichtet. Anfangs suchte der Kurfürst sich durch Einfälle in das Gebiet der Gegner zu entschädigen. Nachdem aber die Bischöfe von Bamberg und Würzburg sich enger an ihn angeschlossen hatten, gelang es ihm, in einem kräftigen Vorstoß die vereinigte Streitkraft des Mainzer Kurfürsten, des Pfalzgrafen von Veldenz und des Grafen von Leiningen in der Schlacht bei Pfeddersheim unweit Worms (1460) so gründlich zu schlagen, daß die Gegner der Reihe nach bald mit ihm Frieden schlossen und die Pfalz sogar mit einem Zuwachs an Land und Leuten aus diesen Fährnissen hervorging.

In gleich ehrenvoller Weise beendete Friedrich die aus den Händeln um die Besetzung des Mainzer Erzbischofsstuhles hervorgegangene Fehde durch die glorreiche Schlacht bei Seckenheim (30. Juni 1462), die dem Sieger den Ruf des ersten Kriegshelden der Zeit und die Sicherung der Errungenschaften der letzten zwölf Jahre verschaffte. Abermals sah das Heidelberger Schloß gefangene Fürsten (Markgraf Karl von Baden und Graf Ulrich von Württemberg) in seinen Mauern. Die Sage berichtet, der „Pfälzer Fritz" habe seinen erlauchten unfreiwilligen Gästen das Fehlen des Brotes auf der Tafel dadurch begreiflich gemacht, daß er sie durch das Fenster auf die von der Kriegsfurie verwüsteten und verödeten Lande hinabblicken ließ*.

Die kriegerischen Ereignisse hatten für den Kurfürsten und sein Land auch hiermit noch keinen Abschluß gefunden, sondern dauerten fort bis ans Ende seiner Regierung. Erst der Tod entrang das Schwert den Händen eines unermüdlichen Fürsten, der die kaiserliche Achterklärung (1474) durch Anlage eines Bollwerkes oberhalb der Stadt, das er „Trutzkaiser" nannte, beantwortet hatte und der trotz der fortwährenden Kriege sein Land in geordnetem und blühendem Zustande hinterließ. Denn nicht nur beträchtlichen Zuwachs an Gebiet, auch bedeutende Geldzahlungen hatte der Sieger von Pfeddersheim und Seckenheim den Gegnern abgerungen und mit diesen die unvermeidlichen Wunden des Krieges zu heilen gewußt, während er mit fester Hand die Ordnung im Innern aufrechterhielt.

Die Regierung seines Nachfolgers und Neffen Philipp (1476—1508) brachte zunächst ruhige Jahre, in denen der geistige und materielle Wohlstand des Landes gedieh,

---

* Von dieser Sage hören wir zuerst bei Herolt in seiner Chronik von Hall um 1540, später bei Marquard Freher und Paulus Melissus um 1600. Gedichte von Hans Sachs 1560, von Gustav Schwab 1820 „Das Mahl zu Heidelberg", von Martin Greif (1839—1911) „Das Mahl ohne Brot". Irma v. Drygalskis preisgekröntes Volksschauspiel „Das brotlose Mahl". Holzschnitt von C. S. um 1550.

bald aber entfesselte das unvorsichtige Verhalten des jungen Kurfürsten in der Erbschaftsfrage um ein Stück alten Wittelsbacher Familienbesitzes, das Herzogtum Bayern-Landshut, aufs neue die Kriegsfurie in den pfälzischen Landen. Der Bayrisch-Pfälzische Erbfolgekrieg (1503—1507) bietet eines der traurigsten Blätter in der Geschichte der Pfalz. Er wurde unvorsichtig begonnen, ungeschickt geführt und ruhmlos beendet und hat nur dazu gedient, beide streitenden Parteien zu Gunsten des Kaisers und der gemeinschaftlichen Gegner zu schädigen. Eine große Finanznot des Landes war die unmittelbare Folge. Die Kassen waren leer, die Kräfte der Untertanen im langen Kriege aufgesogen. Zahlreiche Verpfändungen und Verkäufe von Städten und Schlössern vermochten kaum das Notwendigste zur Bestreitung des fürstlichen Hofhaltes herbeizuschaffen.

Unter diesen traurigen Verhältnissen kam jener Fürst auf den Thron von Kurpfalz, der während seiner 37jährigen Regierung die Pfalz wieder zum alten Wohlstand und Ansehen bringen und für die Baugeschichte unseres Schlosses von ganz besonderer Bedeutung werden sollte.

Werfen wir zunächst einen Blick auf den Zustand, in dem Ludwig V. (1508—1544) die Residenz seines Vaters Philipp übernahm. An den Mauern und Türmen des Herrensitzes werden Friedrich I. und Philipp kaum etwas geändert haben. Dagegen ist anzunehmen, daß der weitere Ausbau der Wohnungen seit den Tagen Ruprechts III. keinen Stillstand erlitten hat, wenn wir auch nicht angeben können, welche von den obenerwähnten Wohnbauresten auf die einzelnen Herrscher zurückzuführen sind. Zwar erfahren wir, daß der kunstsinnige Kurfürst Philipp 1494 den berühmten Erzgießer Peter Vischer aus Nürnberg nach Heidelberg beschieden hat, ob dieser aber an der Ausschmückung der Gebäude beteiligt wurde, ist unbekannt.

Im allgemeinen kann man sich das Aussehen der Wohnbauten des 15. Jahrhunderts kaum einfach und schmucklos genug denken. Die Untergeschosse waren massiv, die oberen Stockwerke meist von Fachwerk, die Flächen rauh verputzt, ohne horizontale und vertikale Gliederung. Sie hatten kaum einen Sockel, dagegen oben ein einfaches Hauptgesims als Abschluß, über dem das steile, von Treppengiebeln begrenzte Satteldach aufstieg. Das Innere war kleinräumig und niedrig, aber wenigstens die Decken, sowohl die flachen hölzernen wie die gewölbten steinernen, waren bunt bemalt, meist auch die Wände, an denen bei feierlichen Anlässen außerdem gewirkte Stoffe und Teppiche aufgehängt wurden. Eine annähernde Vorstellung der räumlichen Beziehungen erhalten wir durch den Ruprechtsbau, dessen Einfachheit und Enge gar wenig mit den Begriffen übereinstimmen, die man mit dem Wohnsitz eines gewählten Oberhauptes der deutschen Nation zu verbinden pflegt.

Als Ludwig V., dessen Regierung eine friedliche, stets vermittelnde Politik kennzeichnet, Kurfürst wurde, war es seine nächste Sorge, die noch schwebenden Streitigkeiten mit dem Kaiser beizulegen, wobei sein von Jugend auf mit den Habsburgern eng verbundener jüngerer Bruder und nachheriger Thronfolger Friedrich (II.) die Vermittlerrolle spielte. Ebenso gelang es ihm, Württemberg, Hessen, Böhmen zu beschwichtigen und durch seine Heirat mit der bayrischen Prinzessin Sibylla sich auch der jüngeren Linie des Wittelsbacher Hauses wieder eng zu verbinden. Über ein Jahrzehnt wußte er so den bedrängten Pfälzer Landen die Segnungen des Friedens zuteil werden zu lassen, als der Tod Kaiser Maximilians ihn 1519 in die Wahlbewegungen hineinriß, aus denen schließlich, hauptsächlich mit Ludwigs Hilfe, abermals das Habsburger Haus triumphierend hervorging. Reicher Lohn, besonders in klingender Münze, wurde dem Reichsverweser dafür zuteil, und auch die Fehde mit Sickingen und der Bauernkrieg dienten mit dazu, aus den gebrandschatzten Städten und Dörfern eine möglichst ansehnliche Beute in die kurpfälzischen Kassen heimzubringen. Ohne diese Erfolge wäre die umfangreiche, kostspielige Tätigkeit, die Ludwig V. beim Umbau und Ausbau seines Residenzschlosses entfaltete, kaum denkbar.

Zunächst galt es, die Verteidigungskraft des alten Herrensitzes der Zeit entsprechend zu erhöhen. Nahe genug waren die Hussiten sowie die kurmainzischen und leiningenschen Heere den Mauern der Stadt gekommen, allzu oft waren Schloß und Stadt der Zufluchtsort der bedrängten pfälzischen Heere geworden, als daß die Bedeutung hätte unterschätzt werden können, die in einer kräftigen Wehrfähigkeit der Residenz begründet lag. So war Ludwigs Hauptsorge, das Schloß — als den Sitz des Hofes und der Regierung, zugleich aber auch als den letzten Zufluchtsort der Truppen — selbst nach Eroberung der Stadt uneinnehmbar zu machen.

Deshalb war es in erster Linie erforderlich, die westliche Seite mehr zu sichern. Das Gelände fiel hier zwar steil von der äußeren Ringmauer nach der Stadt zu ab, jedoch nicht steil genug, daß nicht unter dem Schutze der Häuser und Gärten ein wirksamer Angriff hätte unternommen werden können. Die Errichtung des großen Westwalles war die Folge dieser Erwägungen. Dazu kamen andere neue Befestigungen im Westen; ebenso wurden die schwachen Punkte im Norden, Nordosten und Süden durch Neuanlagen erheblich gesichert, die alten Mauern und Türme verstärkt. Aber auch das Innere dieser mächtigen Festung erhielt durch zahlreiche neue Gebäude ein ganz anderes Bild.

Der Stil, der bei allen diesen Schöpfungen zutage tritt, ist die Spätgotik. Den Baumeistern Ludwigs V. war noch nichts von jener neuen „antikischen Art“ aufgedämmert, die damals auch bereits in Deutschland sporadisch ihren Einzug gehalten und besonders in der Malerei und den Kleinkünsten Anwendung gefunden hatte. Statt dessen treten in der Dekoration die naturalistischen Spielereien der entarteten Gotik auf (gebrochene Bogen, Eselsrücken, schlanke Rippenprofile, Überschneidungen u. a.) und geben bestimmte charakteristische Anhaltspunkte bezüglich der Entstehung der einzelnen Bauten. Dabei wird die Ausstattung im Innern, den gesteigerten Lebensansprüchen entsprechend, wohnlicher und reicher. Die meisten dieser Bauten sind durch eingemeißelte Jahreszahlen festgelegt. Der Ursprung der nicht datierten Bauwerke ist aus der Übereinstimmung von Stilformen, Steinmetzzeichen und Technik mit ziemlicher Sicherheit bestimmt worden.

Um so eher läßt sich denn auch der Mangel an schriftlichen Überlieferungen aus dieser Zeit verschmerzen. Die einzige bedeutsame Erwähnung des Schlosses unter der Regierung Ludwigs V. stammt von Martin Luther, der im April 1518 zu einer Disputation nach Heidelberg gekommen, vom Pfalzgrafen Wolfgang, dem Bruder Ludwigs V., im Schlosse herumgeführt worden war und in einem Briefe an seinen Freund Spalatin vom 18. Mai 1518 die Schönheit und kriegerische Ausrüstung des Schlosses hervorhebt. Erst nach dieser Zeit fängt man an, durch Schrift und Bild die Geschichte des Schlosses, die aus den Steinen spricht, zu erläutern und zu ergänzen.

Die beiden ältesten Ansichten des Schlosses fallen in die Regierungszeit Ludwigs V. und seines Nachfolgers. Beide geben die Ansicht des Schloßberges von Norden her wieder und sind von dem berühmten Kosmographen Sebastian Münster veröffentlicht, die bereits erwähnte in seinem „Calendarium Hebraicum" von 1526, die zweite in der zuerst 1550 erschienenen „Cosmographia Universalis". Die ältere läßt den Dicken Turm als noch im Bau begriffen, im übrigen aber des kleinen Maßstabes wegen nur wenig von den übrigen Schloßbauten erkennen. Die jüngere ist eine der wichtigsten Anschauungsquellen für die Geschichte des Schlosses.

Von der Mitte des 16. Jahrhunderts an bis zum heutigen Tag ist das Schloß noch unzählige Male bildlich dargestellt worden. Es seien hier noch erwähnt: die Feder- und Tuschzeichnungen niederländischer Emigranten (1559—1590) — eine farbig getönte Zeichnung Pieter Brueghels d. J. (1590) — Holzschnitte und farbige Zeichnungen im „Thesaurus Picturarum" (1559 bis 1606) — Handzeichnungen, Vignetten und Stiche von Matthaeus Merian, unter ihnen das große Panorama von 1620 — das Gemälde der „Wundergarten" mit dem Schloß im Hintergrunde von Jacques Foucquières (1616—1618), das für Merians Ansicht des Gartens und Schlosses (1620) das Vorbild war — ferner mehrere Ansichten von Jakob van der Heyden (1620 bis 1629) — ein Ölgemälde von Gerhard Berckheyde (1670) — drei Stiche von Johann Ulrich Kraus (1683—1685). Ein ausführliches Verzeichnis der wichtigsten Abbildungen des Schlosses bringen Marc Rosenberg in den „Quellen zur Geschichte des Heidelberger Schlosses" (er erwähnt allein für das 19. Jahrhundert 100 Maler, Stecher und Lithographen) und Karl Zangemeister, der in den „Mitteilungen zur Geschichte des Heidelberger Schlosses" Hunderte von Gesamtansichten des Schlosses zusammengestellt hat. Karl Pfaff gibt in seinem Werke „Heidelberg und Umgebung" Seite 218 und 220 einen kurzen Überblick über die vorhandenen bildlichen Darstellungen (siehe „Schloßliteratur").

Von Friedrich II. bis zum Ende des Dreißigjährigen Krieges
1544 bis 1648

Über den Nachfolger Ludwigs, seinen ehrgeizigen und abenteuerlichen Bruder Friedrich II. (1544—1556), der erst als Sechzigjähriger den Thron besteigen sollte, sind wir durch Hubertus Thomas Leodius aufs eingehendste unterrichtet. Seine Jugend war teils auf Reisen, teils in fremden, besonders habsburgischen Hof- und Kriegsdiensten verlaufen. Ein seiner Schönheit und Ritterlichkeit wegen weit und breit berühmter Prinz, hat auch er das damalige Los der jüngeren Sprossen eines regierenden Hauses in bitterster Weise auszukosten gehabt: die Heimatlosigkeit und Armut. Dabei unterließ Friedrich nicht, die Interessen seines Bruders beim Wiener Kongreß und umgekehrt in wirksamster Weise zu vertreten, und sein Werk ist es hauptsächlich gewesen, daß Ludwig V., der bei der Königswahl des Jahres 1519 anfangs auf seiten des französischen Königs gestanden hatte, schließlich doch die Wahl Karls V. durchsetzte. Die Anerkennung dieser und anderer Verdienste, die der Pfalzgraf sich um das Haus Habsburg erworben hatte, bestand in Titelverleihungen, gelegentlichen Geschenken, Übertragung zweifelhafter Kommandos, meist aber in Vertröstungen und Versprechungen. Auch seine Verheiratung mit einer Nichte Karls V., der Tochter des vertriebenen Dänenkönigs Christian, änderte nichts an diesen traurigen Verhältnissen. Zwar wurde die Hochzeit 1535 mit großer Prachtentfaltung im Königssaal des Heidelberger Schlosses gefeiert — wir besitzen davon eine langatmige, aus der Feder des Geschichtsschreibers Peter Harrer herrührende Beschreibung, die für die Kenntnis des Schlosses der damaligen Zeit eine wertvolle Quelle bietet —, aber schließlich ermöglichte das knappe Jahresgehalt, das der Kaiser seinem alternden Günstling nunmehr aussetzte, doch nur ein stilles, zurückgezogenes Leben auf dessen kleinem Schlosse bei Amberg. Dabei schwanden immer mehr auch die stolzen Hoffnungen, die der Pfalzgraf infolge seiner Heirat auf Erlangung der dänischen Königskrone gesetzt hatte. Der Tod des Bruders brachte einen jähen Wandel in diese Dinge, und mit einem Schlage sah sich der arme Pfalzgraf auf dem Gipfel der Macht und des Reichtums.

Nach Angabe des Leodius hatte Friedrich früher die großartige Bautätigkeit seines Bruders sehr getadelt; kaum aber war er in die kurfürstliche Residenz eingezogen, sehen wir auch ihn mit Bauen beginnen, und zwar „maiore sumptu", mit noch größerem Aufwande, wie unser Gewährsmann ausdrücklich hinzufügt.

Die kurze Regierungszeit Friedrichs II. verlief nach außen hin ruhig, im Innern dagegen gelangte die gewaltige Erregung, welche die Gemüter infolge der neuen Lehre ergriffen hatte, bald zum Ausbruch. Hatte Ludwig V. es noch vermocht, als besonnener Steuermann das Staatsschiff durch die höher und höher anschwellenden Wogen der Glaubensstreitigkeiten hindurchzulavieren, so drängten den neuen Kurfürsten jetzt die Verhältnisse unwiderstehlich zur Parteinahme nach der einen oder andern Seite. Wie mit elementarer Gewalt waren im pfälzischen Volke die reformatorischen Ideen zum Durchbruch gekommen, und am Weihnachtstage des Jahres 1545 wurde in der Heidelberger Schloßkapelle zum erstenmal das Abendmahl in beiderlei Gestalt ausgeteilt. Die alten Beziehungen Friedrichs zum Hause Habsburg traten dadurch in heftigen Widerstreit mit den Interessen und Wünschen seines Landes, die auf einen offenen Anschluß an den Schmalkaldischen Bund hinwiesen. Wer weiß, welche Wendung die Sache der protestantischen Partei in Deutschland genommen hätte, wenn sich der pfälzische Kurfürst weniger zweideutig benommen und nicht kurz vor der Entscheidung dem Willen des Kaisers sich unterworfen hätte. Die Kurwürde, welche die katholische Partei schon damals gern auf die jüngere bayrische Linie des Hauses Wittelsbach übertragen gesehen hätte, war dadurch gerettet, aber nach Einführung des Augsburger Interims sehen wir Friedrich bis an sein Lebensende im Kampf zwischen den widerstreitenden Interessen seiner Person und seines Landes. Als Hauptwerk seines Lebensabends brachte er im März 1553 noch den Heidelberger Fürstenbund zustande, der dem kriegerischen Treiben des abenteuerlichen Markgrafen Albrecht von Brandenburg, aber auch den selbstsüchtigen Plänen des Hauses Habsburg ein Ziel zu setzen bestimmt war und in der Tat eine Zeitlang erfolgreich nach beiden Richtungen hin gewirkt hat. Daß trotz dieser heftigen religiösen und politischen Wirren die Universität Heidelberg mancherlei Reformen und Verbesserungen erfuhr, ist als ein Verdienst des an sich den gelehrten Studien wenig zugetanen Fürsten doppelt zu preisen.

Mit Friedrich II. drang die Renaissance, die er auf seinen Reisen kennengelernt hatte, in das Heidelberger Schloß ein und offenbarte sich nicht nur schüchtern an der Hoffassade des Gläsernen Saalbaues, sondern u. a. auch in einem Meisterwerk: dem herrlichen Sandsteinkamin im Ruprechtsbau.

Mit Friedrichs Nachfolger, seinem Neffen Ottheinrich (1556—1559), kam eine der volkstümlichsten Fürstengestalten jener Zeit auf den Thron von Kurpfalz. Die Jugend auch dieses Fürsten war nicht ohne Kämpfe und Sorgen vorübergegangen. Früh verwaist, war er mit dem jüngeren Bruder Philipp im Gefolge seines Onkels und Vormundes Friedrich in der Welt umhergezogen, aber bereits 1521, nach Rückkehr von einer neunmonatlichen Reise ins Gelobte Land, mündig erklärt und mit der Verwaltung seines kleinen Landes Pfalz-Neuburg betraut worden. Als glänzendes Zeugnis für den Bausinn des jugendlichen Fürsten erhebt sich in dem hoch über der Donau gelegenen Neuburg das herzogliche Schloß mit dem herrlichen Arkadenhof und dem großartigen Festsaal; auch die Gründung der Gobelin-Fabrik in Lauingen, von deren Erzeugnissen noch manch kostbares Stück erhalten ist, geht auf ihn zurück.

Bald aber sollten die religiösen Wirren seine ganze Aufmerksamkeit und Tätigkeit in Anspruch nehmen. Nachdem er 1542 die neue Lehre öffentlich in seinem Lande eingeführt hatte, trat er 1544 dem Schmalkaldischen Bunde bei, dessen unglückliches Schicksal auch ihn vorübergehend um Thron und Land brachte. Seit 1547 lebte er als Flüchtling in Heidelberg, in einem Hause am Kornmarkt, seinen wissenschaftlichen, antiquarischen und künstlerischen Neigungen, vom Volke als Märtyrer gefeiert. Er gelangte nach dem Passauer Vertrag wieder in den Besitz seines Landes und trat 1556, als erster protestantischer Fürst im Kurkollegium, die Erbschaft seines Oheims an.

Wie mit seinem Namen die offizielle Einführung des Luthertums in den pfälzischen Landen und die großartige Reformierung der Universität im Geiste der neueren Zeit, ihre Befreiung aus den Banden der mittelalterlichen Scholastik verknüpft ist, so bedeutet der von ihm geschaffene herrliche Schloßbau, der seinen Namen trägt, den Sieg der Renaissance über die absterbende Gotik.

Nach der kurzen, an äußeren Ereignissen armen, aber im Innern desto segensreicheren Regierung dieses letzten Sprossen der Alten Kurlinie kam mit Friedrich III. (1559—1576) die von König Ruprechts zweitem Sohne Stephan abstammende Linie Pfalz-Simmern zur Herrschaft. Für die Pfalz begann damit jene unselige Periode der Glaubensstreitigkeiten zwischen Reformierten und Lutheranern, die bis ins 17. Jahrhundert hinein dauerte und eines der widerwärtigsten Schauspiele des blinden, religiösen Fanatismus und des unseligsten Dogmenstreites bietet. Lutheraner und Kalvinisten folgen einander unmittelbar abwechselnd auf dem pfälzischen Thron und verflechten das Land in unheilvolle Parteikämpfe.

Mit vollem Recht führt Friedrich III. den Namen „der Fromme“, und zwar nicht sowohl seines strengen Kalvinismus wegen, der nicht scheute, die Hinrichtung des „ketzerischen“ Inspektors Silvan aus Ladenburg auf sein Gewissen zu laden, als vielmehr um jener fleckenlosen sittlichen Reinheit und Überzeugungstreue willen, die das Bild dieses Fürsten zu einem der anziehendsten in der langen Reihe der Pfälzer Herrscher machen. Seine von fortwährenden Religionsstreitigkeiten beunruhigte Regierung ist, abgesehen von der Vollendung des Ottheinrichsbaues, für die Baugeschichte des Schlosses bedeutungslos. Dagegen scheint sein Sohn und Nachfolger Ludwig VI. (1576 bis 1583) sich wieder energischer der Bautätigkeit am Schlosse zugewandt zu haben. Auf ihn geht nämlich mit Wahrscheinlichkeit die Errichtung der Streichwehr längs der Ostseite am Fuße der ehemaligen äußeren Wehrmauer zurück und ebenso der Aufbau eines neuen Palastes über der alten Schloßkapelle.

Wer jetzt noch bauen wollte, mußte aus dem Ringe heraustreten oder niederreißen. Ersteres tat denn auch der als Landesverweser für seinen unmündigen Neffen regierende Pfalzgraf Johann Kasimir (1583—1592) mit dem zur Aufnahme des Großen Fasses bestimmten Faßbau vor der Nordwestecke des Frauenzimmerbaues. Die Verteidigungsfähigkeit der Nordseite wurde infolge der Durchbrechung des Zwingers zwar geschwächt, der kriegerische Pfalzgraf aber, der im Interesse des Kalvinismus nicht vor einem Kriege mit Frankreich zurückscheute, war ein viel zu umsichtiger Herr, um nicht an geeigneten Ersatz zu denken. So entstand die weiter vorgeschobene, das Tal beherrschende Große Batterie, die sich an der Nordfront des Schlosses entlangzog.

Als der um die innere Verwaltung wie um die äußere Machtstellung von Kurpfalz gleich hochverdiente, tatkräftige Johann Kasimir die Augen geschlossen hatte, folgte ihm sein 18jähriger Neffe Friedrich IV. (1592—1610), dessen Regierung mit erbitterten Streitigkeiten über eine neue Vormundschaft und mit Händeln von seiten der widerspenstigen Oberpfälzer begann, im ganzen aber friedlich verlief. Unterstützt durch vortreffliche Räte, hat der jugendliche Fürst es verstanden, Pfalz in die Stelle einer Vormacht des Protestantismus in Deutschland treten zu lassen, und der Abschluß des ersten Unionsvertrages (1608) ist nicht zum wenigsten das Werk dieses Kurfürsten und seines Vertrauten, des Fürsten Christian von Anhalt. So hatte er einen starken Wall gegen die katholische Reaktion geschaffen und vor Ausbruch des unvermeidlichen großen Krieges Zeit zur Kräftigung und Sammlung gewonnen.

Neben seinen umfassenden politischen Aufgaben widmete der Kurfürst den inneren Verhältnissen nicht mindere Aufmerksamkeit. Die Universität hat kaum unter einem zweiten Wittelsbacher so geblüht wie unter der einsichtsvollen Fürsorge Friedrichs IV., und welch sicheren Blick er für die Entwicklung des Handels und der Wehrfähigkeit seines Landes besaß, beweist allein schon die Gründung Mannheims. Seine Haupttätigkeit im Schloßbezirk erstreckte sich auf die Errichtung des seinen Namen tragenden Friedrichsbaues. Auch ist auf ihn der Altanbau und der Ausbau der drei Türme an der Ostseite zurückzuführen.

Ein weiterer bedeutsamer Schritt für die Erweiterung des Schlosses erfolgte dann unter Friedrich V. (1610—1619), dem jugendlichen Gemahl der englischen Prinzessin Elisabeth. Er ließ zu Ehren der Tochter König Jakobs I. auf dem Nordwall Ludwigs V. einen stolzen Palast, den „Englischen Bau“, errichten, den Stückgarten in einen Lusthain verwandeln und schuf auf der Ostseite des Schloßplateaus den weltberühmten Terrassengarten, ohne zu bedenken, daß mit diesen Bauten und Anlagen eine erhebliche Schwächung der Wehrkraft des Schlosses verbunden war.

Der Regierungsantritt Friedrichs V. war in eine schwüle, politisch sehr umdüsterte Zeit gefallen. Die innere Verwaltung des Landes befand sich in trefflichem Zustande, die Gegensätze im Reich hatten sich aber in einer Weise zugespitzt, daß eine friedliche Lösung nicht mehr zu erwarten war. Die an die Heirat mit der englischen Prinzessin geknüpften Hoffnungen auf Stärkung des Kalvinismus und der Union hatten sich in keiner Weise erfüllt, die Glieder des Bundes selbst waren zum Teil lau und in ihren Zielen uneins. Bekannt ist, wie die Annahme der böhmischen Königskrone durch Friedrich V., dessen Motive zu diesem Schritt von jeher in verschiedenster Weise beurteilt worden sind, als Funke wirkte, der die angehäuften Zündstoffe in Brand setzte. Bekannt ist auch, welch schnellen und traurigen Ausgang die Herrlichkeit des unglücklichen „Winterkönigs“ nahm.

Für Schloß und Stadt Heidelberg zogen jetzt jene schweren Zeiten herauf, in denen abwechselnd Kaiserliche und Schweden als Eroberer hier hausten. Zum erstenmal flogen feindliche Kugeln gegen die Prachtbauten Ottheinrichs und Friedrichs IV., betrat der Fuß feindlicher Krieger das ehrwürdige Schloß der Herrscher von Kurpfalz. Die Geschichte des Schloßbaues ist hier eigentlich zu Ende. Die Folgezeit bringt in der Hauptsache nur Zerstörungen und Wiederherstellungen.

Friedrich V., seit der Schlacht am Weißen Berge bei Prag (8. November 1620) flüchtig und seiner Kurwürde entsetzt, hatte voreilig, von falschen Friedenshoffnungen gewiegt, kurz vorher seine Truppen und Heerführer entlassen, so daß General Tilly, der Oberbefehlshaber der Kaiserlichen, ein unverteidigtes Land vor sich hatte, dessen Hauptstadt einzunehmen das nächste Ziel seiner Tätigkeit sein mußte. Nach Heranziehung zahlreicher Hilfskräfte eröffnete er am 26. August 1622 die Beschießung von Stadt und Schloß und setzte sich am 16. September durch einen allgemeinen Sturm zunächst in den Besitz der Stadt, wenige Tage darauf aber auch durch Kapitulation in den des Schlosses.

Die Art, wie die Tillyschen Truppen in der eroberten Stadt und auf dem Schlosse gehaust haben, die schamlosen Erpressungen und Bedrohungen, denen die stark verminderte Einwohnerschaft ausgesetzt war, die rohen Versuche der Jesuiten, die Unterworfenen wieder in den Schoß der katholischen Kirche zurückzuführen, die Wegführung der „Bibliotheca Palatina", der bedeutendsten Bibliothek des Reiches, aus den Emporen der Heiliggeistkirche nach Rom, in die Büchersäle des Vatikans, alle diese uns von Augenzeugen überlieferten Vorgänge sind hinlänglich bekannt.

Die Pfalz seufzte jahrelang unter dem Joch des Siegers, bis der Schwedenkönig Gustav Adolf durch sein energisches Eingreifen in die deutschen Verhältnisse jenen Umschwung zugunsten der evangelischen Sache herbeiführte, der auch die Pfalz endlich wieder den Händen der Gegner entreißen sollte. Heidelberg blieb am längsten im Besitz der Kaiserlichen. Als aber die Schweden am 5. Mai 1633 die Stadt ohne Schwertstreich genommen und besonders von den Höhen des Königstuhls herab das Feuer auf das Schloß mit aller Kraft eröffnet hatten, übergab der kaiserliche Kommandant am 26. Mai gegen freien Abzug die stolze Feste, und jubelnd zogen die Sieger in das befreite Herrscherschloß der Wittelsbacher. Der unglückliche Kurfürst freilich, der seither als Heimatloser, von falschen Hoffnungen geblendet, umhergeirrt war, erlebte diesen Tag nicht mehr. Bereits ein halbes Jahr vorher war er seinem Freunde Gustav Adolf ins frühe Grab gefolgt.

Nur für kurze Zeit sollte Heidelberg sich der Ruhe erfreuen. Schon im folgenden Jahr suchten die Kaiserlichen sich von neuem durch Belagerung und Beschießung in den Besitz dieses wichtigen Punktes zu setzen, aber erst im Juli 1635 fiel das Schloß wieder in die Hände des Feindes, in dessen Gewalt es dann bis zum Friedensschluß blieb.

Aus den Bauakten jener Zeit geht hervor, daß die kurfürstliche Residenz in diesen fortdauernden Kämpfen zahlreiche Beschädigungen erlitten hat und an den Dächern der Wohnbauten und Türme viele Ausbesserungen erforderlich geworden waren. Im ganzen war dies alles aber nur ein Vorspiel zu den Zerstörungen, die später die Katastrophen des Orléansschen Krieges herbeiführten.

Von Karl Ludwig bis zur Auflösung der Kurpfalz

1649 bis 1803

Der Westfälische Friede brachte für Friedrichs V. Sohn und Nachfolger Karl Ludwig (1649—1680) hauptsächlich den Verlust der Oberpfalz, die, ebenso wie die alte rheinische Kurwürde, auf die jüngere bayrische Linie des Hauses überging. Zum Ersatz wurde eine achte Kur geschaffen, aber der Reichsapfel im Kurschild, den Karl V. seinem getreuen Vasallen Friedrich II. bei dessen Thronbesteigung verliehen hatte, war und blieb dem pfälzischen Hause verloren. Am 7. Oktober 1649 zog der neue Herrscher in das verödete und zerstörte Stammschloß seiner Väter wieder ein, das er 1619, als „Pfalz gen Böhmen gezogen", verlassen hatte. Seine Lebensaufgabe war klar vorgezeichnet: Es galt, Städte und Dörfer wieder zu bevölkern, die zerstampften öden Felder wieder ertragsfähig zu machen, Vertrauen und Lebenshoffnung unter der mutlosen Bevölkerung neu zu erwecken, durch Steuererlasse und Unterstützungen allerlei Art das Emporkommen des einzelnen und ganzer Örtlichkeiten zu ermöglichen, kurz, die Wunden zu heilen, die der unselige ewige Krieg dem Lande geschlagen. Und eine Wiederherstellungsarbeit ist es denn auch in der Hauptsache gewesen, die dieser weise und umsichtige Fürst während seiner langen Regierung vollzogen hat.

Nachdem zunächst das Notdürftigste geschehen war, konnte allmählich auch an eine würdige Ausschmückung des Herrensitzes im Geiste des 17. Jahrhunderts gedacht werden, und so sehen wir denn einheimische und auswärtige Kräfte im Innern und am Äußern der Baulichkeiten die ausbessernde und verschönernde Hand anlegen und Nützlichkeitsbauten verschiedener Art errichten. Ein reiches Feld der Tätigkeit erschloß sich dem Bau- und Kunstsinn Karl Ludwigs, der freilich durch die unglückselige Verheiratung seiner Tochter Elisabeth Charlotte an den Herzog von Orléans, den Bruder Ludwigs XIV., selbst den Grund legen sollte zur völligen Zerstörung alles dessen, was er so mühsam und sorgsam wieder errichtet hatte.

Wie in Vorahnung der kommenden Ereignisse wandte Karl Ludwigs einziger Sohn und Nachfolger Karl (1680—1685) das Hauptaugenmerk auf eine stärkere Befestigung des Schlosses in der Nordostecke*.

Mittlerweile hatten sich die Wolken immer schwerer über dem unglücklichen Lande, das sich allmählich von den Schlägen des Dreißigjährigen Krieges zu erholen begonnen hatte, wieder zusammengeballt. Der „allerchristlichste" König hatte schon vorher durch die berüchtigten Reunionskammern seinen Gelüsten nach deutschem Boden deutlichen Ausdruck gegeben, aber erst nach dem Tode des kinderlosen Karl,

---

* Von dem Aussehen des alten Herrschersitzes im Innern und Äußern kurz vor der Zerstörung geben die trefflichen Kupfer des Augsburger Stechers Ulrich Kraus eine gute Vorstellung.

des letzten Fürsten der Linie Pfalz-Simmern, offenbarte sich die Ländergier der Franzosen. Angeblich im Namen der Herzogin von Orléans, der Erbin des Kurfürsten Karl, beanspruchte Ludwig XIV. die Herausgabe des einen großen Teil der pfälzischen Lande umfassenden Allodialgutes, und „Liselotte“, die unschuldige Ursache dieser nach dem Pfälzer Hausgesetz völlig ungerechtfertigten Ansprüche, sie, die ihre pfälzische Heimat über alles liebte, mußte mit ansehen, wie in ihrem Namen die Kriegsfurie auf das unglückliche Land losgelassen wurde.

Am 29. September 1688 rückten die französischen Heere in die Pfalz und zogen bereits am 24. Oktober ohne Schwertstreich in das von Philipp Wilhelm (1685—1690), dem neuen Kurfürsten aus der Linie Pfalz-Neuburg, verlassene Heidelberg ein. Es folgten wieder Kontributionen, Mißhandlungen und Beraubungen der Bürger, aber bald zeigte es sich, daß die Franzosen bei dem schnellen Vordringen der gegen Ludwig XIV. verbündeten europäischen Mächte ihre Stellungen auf dem rechten Rheinufer nicht halten konnten, und der französische Kriegsrat, Kriegsminister Louvois an der Spitze, beschloß, durch Zerstörung aller Festungswerke und durch Verwandlung des pfälzischen Landes in eine Einöde dem Feinde die Möglichkeit des Angriffes von dieser Gegend her zu entziehen. In barbarischer Weise wurde nun der Befehl „de brûler le Palatinat“ ausgeführt, und sengend und brennend zogen die Mélacschen Scharen von Ort zu Ort, bis das furchtbare Werk vollendet war. Die Zerstörung der Festungswerke in Heidelberg bildete den Abschluß. So borsten denn unter den Händen der französischen Mineure die alten festen Mauern und Türme des Jettenbühls, und weithin gaben die lodernden Flammen der Wohnbauten den abziehenden Feinden in die Ebene hinaus das Geleit. Beim Ausrücken (2. März 1689) war auch die Stadt an vielen Ecken zugleich in Brand gesteckt worden, und das Verdienst der Franzosen war es wahrlich nicht, daß damals nur ein verhältnismäßig kleiner Teil vom Feuer zerstört wurde.

Unterdessen war Johann Wilhelm (1690—1716) auf den Thron der Pfalz gelangt. Nach seinem Einzug in die verwüstete Stadt begann man aufs eifrigste an der Wiederherstellung der Mauern und Türme zu arbeiten, und als die Franzosen 1691 und 1692 mit ihren räuberischen Einfällen abermals bis vor die Tore Heidelbergs gelangt waren, fanden sie die Stadt in so gutem Verteidigungszustande vor, daß sie unverrichteter Sache abziehen mußten. Um so energischer nahmen sie im folgenden Jahr die Eroberung der pfälzischen Hauptstadt in Angriff.

Am 18. Mai 1693 wurden die ersten Franzosen in der Nähe gesehen, und am 22. Mai bereits war die Stadt wieder in den Händen der Feinde. Möglich, daß die französischen Befehlshaber, die noch nicht im Besitz des Schlosses waren und sich mit der Zerstörung der Stadt der Hauptoperationsbasis gegen das Schloß selbst beraubt hätten, den Befehl zur Brandstiftung nicht gegeben haben; jedenfalls war Heidelberg wenige Stunden nach der Einnahme ein einziges Feuermeer. Am folgenden Tage kapitulierte das alte Herrenschloß, und nun wurde aufs gründlichste nachgeholt, was

1689 in der Eile des Abzugs nur unvollständig ausgeführt war. In langer, mühevoller Arbeit wurden die festen Türme und Mauern Ludwigs V., die damals der Zerstörung entgangen waren, durch Minen gesprengt, dann die Paläste geplündert, Kunstschätze und Vorräte vernichtet oder weggeschleppt, und als die französische Garnison zum Schloßhof hinauszog, flogen in die Prachtbauten der Kurfürsten die Pechkränze hinein, die das ganze Schloß in Brand steckten. Drunten in der Stadt hatte mittlerweile eine trunkene Soldateska die Heiliggeistkirche geplündert, die kunstreichen Denkmale der pfälzischen Kurfürsten in Stücke geschlagen und ihre Gebeine aus den Grüften gerissen. Zu Ehren aller dieser Heldentaten ließ der französische König ein Tedeum singen und eine Denkmünze schlagen, auf deren Vorderseite die Worte „Ludovicus Magnus Rex Christianissimus" zu lesen waren und deren Rückseite die vom Dichter Boileau herrührende Umschrift trug „Heidelberga Deleta".

Der Friede zu Ryswyk (1697) brachte endlich dem schwer geprüften Lande die Ruhe, zunächst freilich „die Ruhe eines Kirchhofs". Allmählich erstand aber auch Heidelberg wieder aus seinen Trümmern; die geflüchteten Einwohner kehrten zurück, die öde Stadt belebte sich, neue Häuser wurden auf den Trümmern der alten erbaut. Die zähe Lebenskraft des pfälzischen Volkes bewährte sich auch diesmal wieder. Zugleich aber stieg eine Ära der kirchlichen Reaktion empor, wie sie nur in dem von den Jesuiten vollkommen verdüsterten Gemüt eines Johann Wilhelm Wurzel fassen konnte. Dem Schrecken des Krieges folgte der kirchliche Terrorismus; statt werktätiger Unterstützung hatte jener Eiferer auf dem Thron nichts als Religionsedikte für sein schwer geprüftes Volk übrig. Damals beabsichtigte man auch, das Schloß gänzlich abzureißen und die brauchbaren Teile zur Errichtung eines neuen Palastes unten in der Stadt zu verwenden. Als sich aber der Durchführung dieses barbarischen Planes allerlei Schwierigkeiten entgegenstellten, geschah wenigstens zur Erhaltung und Wiederherstellung der Bauten das Notdürftigste. So wurden unter Johann Wilhelm der Friedrichsbau und Gläserne Saalbau wieder unter Dach gebracht, aber erst seit dem Regierungsantritt Karl Philipps (1716—1742) fing man in größerem Stile an, die vorhandenen Schäden zu heilen, neue Dächer aufzusetzen, die Wände und Böden auszubessern, kurz, den alten Herrschersitz wieder in einen einigermaßen bewohnbaren Zustand zu versetzen.

Gleichzeitig trug sich Karl Philipp mit dem Gedanken eines vollständigen Umbaues des Schlosses. Er wollte die zerstörten Bauten auf der westlichen Seite des Schloßhofes abtragen, den davorliegenden Grabenteil ausfüllen und auf dem Stückgarten einen neuen prächtigen Palast errichten lassen. In Verbindung damit war eine großartige Zufahrtsstraße geplant, die im südlichen Teil der Märzgasse beginnen und — zum Teil auf Bogen — sanft ansteigend in gerader Linie zum Schlosse heraufgeführt werden sollte. In der Hauptsache wird wohl der Mangel an den nötigen Mitteln die Aufschiebung des Projektes veranlaßt haben, und als der Kurfürst 1720 mit den protestantischen Einwohnern der Stadt wegen Überlassung der Heiliggeistkirche zur ausschließlichen Benutzung durch die Katholiken in einen Streit geriet, der die Verlegung der Residenz nach Mannheim zur Folge hatte, war es nicht nur mit allen derartigen Luftschlössern, sondern leider auch mit der Fürsorge des Kurfürsten für das noch Vorhandene gänzlich vorbei.

Noch einmal faßte Karl Theodor (1742—1799), ergriffen von der stummen Majestät der Ruinen und der unvergleichlichen Lage des alten Herrschersitzes, den Plan, wenigstens vorübergehend seinen Wohnsitz wieder auf dem Jettenbühl aufzuschlagen. Als aber am Morgen des 24. Juni 1764 der Blitz zweimal hintereinander in den Saalbau einschlug und das Schloß abermals in Flammen setzte, glaubte der Kurfürst, hierin ein Zeichen des Himmels erblicken zu sollen, und wandte sich anderen Plänen zu.

Wohl wurden in den folgenden Jahrzehnten noch notwendige Erneuerungen vorgenommen, das Leben war aber von dieser Stätte geflohen, das Heidelberger Schloß war und blieb Ruine. Anm. 4 siehe S. 95 ff.

Von Karl Friedrich von Baden bis zur Gegenwart
1803 bis 1955

Durch den Reichsdeputationshauptschluß von 1803 wurde das pfälzische Kurfürstentum aufgelöst; die rechtsrheinische Pfalz mit Heidelberg und Mannheim ging an Baden über. Der große Gebietszuwachs war dem neuen Herrn Karl Friedrich (seit 1806 Großherzog von Baden) sehr willkommen, nur das Heidelberger Schloß bildete eine unerwünschte Zugabe. Was sollte man mit diesen Ruinen anfangen? Die Gänge und Räume der alten Paläste blieben unverschlossen und bildeten Spielplätze für die Kinder und Unterschlupf für lichtscheues Gesindel. Die Bauten verfielen, Gras und Kräuter wuchsen an den Fenstern und im Innern. Heidelberger Bürger holten aus dem Schloß Steine, Holz und Eisen zum Bau ihrer Häuser. Figuren, Engelsköpfe und andere wertvolle Verzierungen wurden abgeschlagen, als Andenken mitgenommen oder verkauft. Die Behörden duldeten nicht nur dieses Treiben, sondern gingen selbst mit schlechtem Beispiel voran. August von Kotzebue äußerte sich 1803 voller Empörung über die Absicht der badischen Regierung, die Ruinen abtragen und dem Boden gleichmachen zu lassen. Der Retter des Schlosses war ein französischer Edelmann, der selbstlose, gütige Graf Charles de Graimberg (1774—1864), der 1810 als Emigrant über England nach Heidelberg gekommen war, sich hier nur kurze Zeit auf der Durchreise aufhalten wollte, aber 54 Jahre lang, bis zu seinem Tod, hier geblieben ist. Mit der badischen Regierung, die sich noch 1822 verächtlich über das „alte Gemäuer mit seinen vielfältigen, geschmacklosen, ruinösen Verzierungen" geäußert hatte, kämpfte Graf Graimberg 1810—1826 um die Erhaltung der Schloßruinen. Er versah — oft verlacht, verspottet und angefeindet — bis 1822 das Amt eines freiwilligen Schloßwächters und wohnte als Schutzgeist des Schlosses eine Zeitlang in einem Raum im Vorbau des Gläsernen Saalbaues (unter der Sonnenuhr), von dem aus er den Schloßhof am besten übersehen konnte. Wir verdanken Graimberg auch eine große Zahl von — künstlerisch allerdings ungleichen — Kupferstichen und Lithographien, durch die er die Schönheit des Schlosses weitesten Kreisen seiner Zeit bekanntgemacht hat. Eine allzu schlichte Ehrentafel, die 1868 an der Westwand des Durchganges nach dem Altan angebracht wurde, hält die Erinnerung an diesen edlen Menschen wach:

Dem Andenken an

Karl Graf von Graimberg,
geb. zu Schloß Paar in Frankreich 1774,
gest. zu Heidelberg 1864,

widmet diesen Denkstein in dankbarer Anerkennung der Verdienste, die er sich um diese Ruinen als Künstler durch seine bildlichen Darstellungen und als schützender Freund erworben hat,

die Stadtgemeinde Heidelberg.

Das gute Beispiel Graimbergs hat dann doch noch gute Früchte getragen; im Laufe der folgenden Jahrzehnte ist viel zur Erhaltung des Schlosses geschehen. Beamte und Wächter wurden eingesetzt, um jeden weiteren Unfug zu verhindern, und der „Schloßverein“ bildete sich, um die Geschichte des Schlosses zu erforschen und seine Interessen wahrzunehmen.

Die Frage, ob das Schloß in alter Pracht und Schönheit wieder auferstehen sollte oder nicht, hat jahrzehntelang, seit 1868 (begeisterter Aufruf des Dichters Wolfgang Müller von Königswinter, der sich für seine vollständige Erneuerung einsetzte), die Gemüter ganz Deutschlands bewegt. Der Kampf wurde in der Presse und in Versammlungen mit einer bis dahin unbekannten Heftigkeit geführt, und es wurde zielbewußt auf eine völlige oder wenigstens teilweise Wiederherstellung des alten Herrschersitzes hingearbeitet.

Die Großherzogliche Regierung errichtete 1883 unter Zustimmung beider Kammern des Landes ein „Schloßbaubüro“, das unter Oberaufsicht des Baudirektors Dr. Josef Durm in Karlsruhe vom Bezirksbauinspektor Julius Koch und Architekten Fritz Seitz geleitet wurde. Das Büro hatte die Aufgabe, auf Grund von Aufnahmen und Aufzeichnungen der einzelnen Teile der Schloßbauten eine möglichst genaue Anschauung vom tatsächlichen Zustande aller Baulichkeiten und zugleich ein bestimmtes Urteil über die Maßnahmen zu gewinnen, die zur Erhaltung oder Wiederinstandsetzung der Hauptgebäude erforderlich sein würden. Die Veranlassung hierzu hatte das von den

Einflüssen der Witterung ausgehende allmähliche Fortschreiten der Zerstörung gegeben, besonders an den Teilen, die ihres künstlerischen Wertes wegen der Erhaltung doppelt würdig erscheinen mußten. Die Arbeiten dieses Büros waren 1890 beendet, und im September des folgenden Jahres wurde eine aus Fachmännern und Autoritäten von ganz Deutschland zusammengesetzte Kommission berufen, die sich über die weiteren Maßnahmen zum Schutze des Schlosses und über etwa erforderliche Wiederherstellungsarbeiten gutachtlich zu äußern hatte. Der einstimmig gefaßte Beschluß gipfelte damals in dem Satze, daß eine völlige oder teilweise Wiederherstellung des Schlosses nicht in Betracht komme, dagegen eine Erhaltung des jetzigen Zustandes mit allen Mitteln der Technik zu erstreben sei. Auf diesen Standpunkt haben sich dann auch die Badischen Landstände gestellt. Nur der Friedrichsbau, dessen Innenräume zwar durch Feuer zerstört worden waren, dessen Außenseiten durch Wind und Wetter gelitten hatten, der aber nie Ruine war, sollte wiederhergestellt werden. Das ist in der Zeit von 1897—1900 durch Karl Schäfer mit einem Kostenaufwand von 520 000 Mark geschehen.

So war der lange Kampf endlich entschieden und die drohende Gefahr eines Wiederaufbaues, der einer Zerstörung gleichgekommen wäre, gnädig vorübergegangen. Und wir haben dank der Fürsorge der staatlichen Baubehörde nun die Gewähr, daß die herrlichste Ruine in deutschen Landen unseren Nachkommen so überliefert wird, wie sie uns überkommen ist: als ein durch Kunst, Natur und Geschichte geheiligter Born von Schönheit und Poesie.

Beschreibung der Schloßbauten

Wir betreten den Schloßgarten von Westen her. Einst zog sich hier, wie Schutz suchend, eine Anzahl ländlicher Häuser und Hütten, traulich in Grün gebettet, den Berghang herauf bis dicht unter die Mauern des Schlosses. Es war dies die Bergstadt („Burgstadt", „Burgfreiheit"), die bis 1743 ein selbständiges Gemeinwesen mit eigener Gerichtsbarkeit und allerlei Privilegien bildete und anfänglich wohl von den im Schloß Bediensteten bewohnt war. Bis 1889 stand noch das ehemalige Rathaus, vorn am oberen Ende der alten steilen Schloßstraße, mit dem gekrönten Pfälzer Löwen über der Tür und einer Tafel, auf der unterhalb des Wortes „Burgfreyheit" als Zeichen der Gerichtsbarkeit und als warnender Hinweis auf die Strafe der Störung des Burgfriedens eine Hand auf dem Block mit einem Beil darüber dargestellt war. Die Jahreszahlen 1653 und 1731 gaben die Zeit der Erbauung und der Wiederherstellung des Gebäudes an. (Der Löwe und die Tafeln sind in die Wand der Vorhalle des Kurpfälzischen Museums eingelassen.)

Ein anschauliches Bild vom früheren Zustand dieser Seite des Schloßberges gewährt das große Panorama des Matthaeus Merian von 1620. Die Häuser zogen sich nur zu beiden Seiten der Schloßstraße nach dem ehemaligen Keltertor hinunter, der Nordwestabhang war frei von Wohnbauten und mit dichtem Grün bedeckt. Heute ist auch auf dieser Seite längst die Verbindung mit der unteren Stadt hergestellt, und neben den älteren, unscheinbaren Häusern erheben sich in Terrassengärten stattliche Wohnbauten und Villen in allerlei Stilarten, die sich zu den Ruinen des Schlosses hinaufziehen.

Schloßeingang

Vorburg

Der Weg in den ehemaligen Vorhof des Schlosses führt zunächst mittels einer steinernen Brücke über einen zum großen Teil zugeschütteten Graben zum westlichen Haupttor. Hier war wohl von jeher der Hauptzugang zum Schloß. Das 1528 erbaute hohe Burgtor und das Wachthaus wurden im Orléansschen Krieg zerstört und 1718 durch das heutige rundbogige Eingangstor und das südlich davon liegende Torhaus ersetzt. Das Schilderhaus vorn rechts mit dem Monogramm Karl Theodors (1751) und die steinerne Brücke (1772) an Stelle der Zugbrücke sind von Karl Theodor errichtet worden. Die Pforte links neben dem Haupteingang war durch eine schmale Zugplanke verschlossen, die für einen einzelnen Fußgänger herabgelassen werden konnte und jenseits des Grabens auf einem Kragstein ruhte.

Der Raum, durch den wir jetzt auf breitem Fahrwege ostwärts zum Haupteingang des Schlosses gehen, bildete einst einen Teil der „Vorburg", des Vorhofes der eigentlichen Burg. Ursprünglich trennte nach Norden zu (links) eine Mauer diese Vorburg vom Stückgarten ab. Friedrich V. errichtete hier ein großes, 1805 abgebrochenes Vogelhaus, das im Zuge des Elisabethentores bis an die westliche Brüstungsmauer reichte und auf dem Merianschen Bilde als ein großes, auf Bogen ruhendes Gebäude zu sehen ist. In der Mitte der Vorburg, dem Brückenhause gegenüber, sehen wir die kahlen Mauern eines weiträumigen Bauwerks, das sich mit der Rückwand an den Felsen lehnt und im Zusammenhang mit den Gartenanlagen vor 1619 errichtet worden ist. Oben auf den Gewölben lief nämlich eine Terrasse entlang, welche die Fortsetzung der obersten Abteilung des Schloßgartens bildete. Die Vorderfront ist von großen, ehemals mit zweiteiligen Gewänden versehenen Öffnungen durchbrochen und liegt in gleicher Flucht mit der sich östlich anschließenden Stützmauer, die älteren Ursprungs ist. Die großen Räume mögen zu Stallungen, Remisen, Magazinen u. a. bestimmt gewesen sein.

Anm. 5 siehe S. 97

Brückenhaus und Brücke

Durch das Brückenhaus führt der Zugang zum inneren Schloß. Wie die meisten Hauptbefestigungsteile, so verdankt auch dieses Gebäude der Bautätigkeit Ludwigs V. seine Entstehung. Der zweistöckige schmucklose Bau, der sich mit seiner Rückseite unmittelbar über dem Rande des großen Schloßgrabens erhebt, ist auf den drei übrigen Seiten von einem mäßig tiefen Graben umgeben. Starke Palisaden umzogen einst, im Halbkreis angeordnet, die den Graben umschließenden Außenmauern, und eine breite Zugbrücke führte bis 1689 zur Torwölbung hinüber (Löcher für die Ketten oben am Eingangstor). Eine kleine Seitenpforte rechts daneben mit Zugplanke diente auch hier dem Verkehr für Fußgänger und bei Nacht. Der größere Raum im Erdgeschoß links mit dem vorspringenden Erker wurde als Wachtraum benutzt, während gegenüber rechts der Durchgang zu der erwähnten kleinen Zugbrücke und die nach oben führende Wendelstiege liegen. Das ursprünglich aus Fachwerk hergestellte, im 17. Jahrhundert massiv erneuerte Obergeschoß wird jetzt von einem Schloßbeamten bewohnt.

Der Torweg, durch den wir auf die schräg gegen das Brückenhaus anlaufende Brücke gelangen, ist mit einem schiefen, von kräftigen Rippen getragenen Kreuzgewölbe überspannt. Auch die in drei Bogen über den 20 m breiten Graben zum Torturm führende breite Brücke ist ein Werk Ludwigs V. Aber nur die beiden Pfeiler, die aus der Tiefe des Grabens emporsteigen, reichen bis in jene Zeit (um 1540) zurück. An Stelle der steinernen Wölbungen, auf denen heute die Fahrbahn ruht, war ein hölzerner Bodenbelag vorhanden, dessen dem Torturm am nächsten gelegener Teil als Zugbrücke konstruiert war. Das Ganze hatte einen hohen Oberbau aus Fachwerk, dessen Spuren heute noch in den Anschlußstellen am Brückenhause und Torturm zu sehen sind. Nachdem die Brücke im Orléansschen Kriege (1693) zerstört worden war, wurde ihr vorderer Teil, wahrscheinlich unter Karl Philipp, mit einer auf Gewölben ruhenden gepflasterten Fahrbahn versehen, das hintere Drittel aber als bedeckte Zugbrücke beibehalten, bis auch hier 1810 durch einen steinernen Bogen eine feste Verbindung mit dem Torturm hergestellt worden ist.

Über die Brüstung hinweg sehen wir in die Tiefe des Schloßgrabens. Von jeher muß hier eine ähnliche Anlage gewesen sein, denn wie bei allen mittelalterlichen Burgen, die auf einem derartigen Vorsprung am Berghang gelegen sind, hatte es auch hier gegolten, die dem direkten Angriff am meisten ausgesetzte Seite durch Anlage des „Halsgrabens“ zu sichern. Eine wesentliche Verstärkung der ursprünglichen Anlage verdankt aber auch dieser Befestigungsteil der Bautätigkeit Ludwigs V., der den Graben dadurch vertiefte, daß er vor der südlichen Felswand eine hohe Quaderwand, die mächtige Schildmauer, errichtete. Der südwestliche und der im rechten Winkel anschließende Grabenarm, den der Nordwall abschloß, entstanden erst mit dem Stückgarten, waren aber bald nach 1528 fertiggestellt.

Peter Harrer, der Geschichtsschreiber des Bauernkrieges, bezeichnet 1535 in seiner poetischen Beschreibung der Hochzeit des Pfalzgrafen Friedrich (das Manuskript befindet sich in der Heidelberger Universitätsbibliothek) unsern Graben als einen „steinernen Sarg“ und berichtet von der Absicht des Kurfürsten, ihn mit Wasser füllen zu lassen. Ob dies zur Ausführung gelangte und die alte Nachricht, daß das von den Abhängen des Königstuhls kommende Wasser acht Fuß hoch in dem Graben aufgestaut werden konnte, auf Tatsachen beruht, lassen wir dahingestellt. Vielleicht, daß ein Teil des Grabens zu einem Fischweiher hergerichtet worden ist, aber zu Verteidigungszwecken kann die Füllung des Grabens mit Wasser nicht gedient haben. Im 17. Jahrhundert wurden hier, wie auch sonst üblich, Bären und andere Tiere, besonders Hirsche, gehalten; seitdem ist der Name „Hirschgraben“ geblieben.

Ein großer Teil der Quaderverkleidung an der Südseite ist 1767 abgebrochen und zur Verwendung bei Wasserbauten nach Schwetzingen gebracht worden. Nicht für alle Verwüstungen im Schloß sind somit die Franzosen verantwortlich zu machen, denn die rechts neben dem Torturm sichtbare große Lücke im Quaderwerk Ludwigs V. rührt aus dem Beginn des 19. Jahrhunderts her.

Im südöstlichen Graben, rechts von der Brücke, fallen die Trümmer eines zweigeschossigen Gebäudes ins Auge, dessen Mauerzüge in stumpfem Winkel gebrochen sind. Nach Osten zu sind Schießscharten, oben für Handfeuer, unten für Geschütz, in die Mauer gebrochen. Aus ihnen ist die Bestimmung des Bauwerks als Grabensperre zu erkennen, die dem Feinde von Osten her den Zugang in den Graben und damit unter die Mauern und Türme der inneren Verteidigungslinie wehren sollte. Die Art der Ausführung des Mauerwerks weist auf die zweite Hälfte des 17. Jahrhunderts hin, da es alle Zeichen der eilfertigen und unsoliden Bauweise der Zeit Karl Ludwigs trägt. Bereits vor dem Dreißigjährigen Kriege waren an derselben Stelle zwei parallellaufende, rechtwinklig gebrochene Mauerzüge vorhanden, die einen Ausgang nach Osten hatten und eine ähnliche Art von Grabensperre, aber ohne Bedachung, gebildet haben mögen. Wenige Schritte weiter östlich, an der Südwand, liegt die den Geologen bekannte Stelle, wo der zutage tretende Granit zunächst von einer mächtigen Schicht Trümmergestein, dann von Buntsandstein überlagert ist. In unmittelbarer Nähe, nach Osten zu, steht ein Brunnenhäuschen, der Untere Fürstenbrunnen, der 1767 unter Karl Theodor im Granit erbohrt wurde und, wie der Obere Fürstenbrunnen, den Mannheimer Hof mit Trinkwasser versorgte. Dicht daneben lag die ältere Brunnenstube (Öffnung über dem Boden in der Mauerwand) mit der Jahreszahl 1595.

Torturm

Vor uns ragen die Mauermassen des viereckigen Torturmes auf, der mit 52 m, von der Grabensohle aus, der höchste Schloßbau ist. Er diente zum Schutz des Eingangs in den eigentlichen Burgbezirk und war zugleich „Luginsland". Zwei Jahreszahlen verbürgen uns die Zeit seiner Entstehung unter Ludwigs V. Regierung: die eine (1531) an einer Rippe des hintersten Kreuzgewölbes im Durchgang, die andere (1541) oben am Dachgesims eingemeißelt. Auch über die Entstehungszeit der beiden das Wappen über dem Eingang flankierenden „Torriesen" sind wir durch die an den Fußplatten angebrachten Jahreszahlen (1534 und 1536) unterrichtet. Diese roh und schwerfällig gearbeiteten Schildknappen, die, nur wenig verstümmelt, in voller Rüstung mit den Resten der langen Spieße in der Rechten und die Linke an das Schwert gelegt, frei vor der Wandfläche stehen, werfen kein sonderlich günstiges Licht auf das künstlerische Vermögen der Bildhauer Ludwigs V.; auch sind die zugehörigen gotischen Konsolen und Baldachine von eigentümlich schwerfälliger Bildung. Um so gefälliger wirkt die von den beiden Figuren eingeschlossene Sandsteintafel, die einst in der Mitte das kurpfälzische Wappen enthielt. In reizvoller Weise erscheinen hier gotische Formen und Renaissancemotive verschmolzen. Die das untere Feld seitlich begrenzenden Pilaster mit ihren perspektivisch schräg gestellten inneren Seitenflächen, das kräftig abschließende Zwischengesims, der Halbkreisbogen darüber und das die Form des Zwischensimses wiederholende Hauptgesims, alle diese Teile zeigen „antikische" Formensprache, wie sie seit Anfang des 16. Jahrhunderts in den Skizzenbüchern der Maler und durch den Import italienischer Kunstware aller Art in Deutschland allmählich eingeführt worden war. In der maßwerkartigen Füllung des Halbkreises mit den einspringenden Nasen macht sich dagegen, trotz der konsequenten Vermeidung des Spitzbogens, noch der Einfluß der Gotik offenbar, deren Herrschaft in Deutschland erst nach der Mitte des 16. Jahrhunderts mehr und mehr zu Ende ging. Als ältestes Zeugnis vom Eindringen der Renaissance ins Heidelberger Schloß verdient somit die Wappentafel des Torturms ganz besondere Beachtung. Das etwas vertieft eingelassene Wappen selbst (es soll von Silber gewesen sein) ist aus der Mitte verschwunden, aber die beiden gut erhaltenen Löwen stehen als Wappenhalter noch aufrecht daneben und tragen treulich nach wie vor Schwert und Reichsapfel in ihren Tatzen.

Anm. 6 siehe S. 97

Im übrigen steigt das Quaderwerk des fünfgeschossigen Turmes auf allen vier Seiten schmucklos empor. Die einzige Gliederung bilden ein in der Fußbodenhöhe des ersten

Stockes unterhalb des Wappens und der „Torriesen" umlaufender kräftiger Rundbogenfries und zwei einfache Gurtgesimse für die beiden obersten Stockwerke. Oberhalb dieser Horizontalteilungen setzt das Mauerwerk jedesmal etwas zurück. Der bis zur Grabensohle hinabreichende untere Teil des Turmes besteht im Innern aus einem einzigen gewölbten hohen Raum, der wohl als Burgverlies gedient haben mag. Der Zugang war von der westlich in der Ecke an der Wallmauer gelegenen Wendelstiege aus, die in bedeutender Höhe über dem Fußboden auf einer Zwischendecke mündete, von wo die Gefangenen mittels Leiter oder Strick durch das „Angstloch" hinabgelangen konnten. Die unten am Turm angebrachten Sprenglöcher scheinen in der Eile des Abzuges von den Franzosen vergessen zu sein, sonst hätte wohl auch der Torturm das Schicksal der übrigen Turmbauten geteilt.

Die Treppe zu den oberen Stockwerken liegt im Innern der Mauer, hinten links neben dem Durchgang. Erklimmt man das oberste Geschoß, das weit geringere Wandstärke als die unteren besitzt und, in mehrere Räume geteilt, als Wohnung des Turmwächters gedient haben mag, so bietet sich dem Auge eine wunderbare Aussicht nach allen Seiten. Von hier oben, dem höchsten Punkt der Burg, verkündete der Türmer das Nahen von Freund und Feind, hier oben war auch von jeher die große Uhr angebracht, die den Bewohnern des Schlosses mit dröhnendem Schlage die Stunden verkündete. Einst erhob sich hier, wie ältere Abbildungen zeigen, ein hohes, anscheinend achtseitiges Dach, das weit über die übrigen Bauten hinausragte, 1689 aber gleichfalls ein Raub der Flammen wurde. Das jetzige Dach mit seinen geschweiften Linien rührt von Karl Philipp (um 1718) her.

Das darunter liegende Geschoß bildet einen einzigen, mit einem Tonnengewölbe überspannten großen Raum, der zur Verteidigung mittels Handfeuer eingerichtet war und durch einige Schießscharten und ein Doppelfenster in der nördlichen Wand notdürftig erhellt wird. Die gewaltige Stärke der vorderen und seitlichen Umfassungsmauern ist hier am besten zu erkennen; nach dem Hofe zu genügte die gewöhnliche Wandstärke.

Das über dem Durchgang liegende, gleichfalls überwölbte erste Stockwerk ist jetzt durch einen Einbau geteilt, bildete aber früher wohl einen einzigen, durch eine Schießscharte und zwei Doppelfenster erhellten Raum, von dem aus, wie an den Schlitzen noch erkennbar ist, sowohl die Zugbrücke bedient wurde als auch das große Fallgatter, das heute noch (erneuert) seine eisenbeschlagenen Zähne in die Torwölbung hineinstreckt. Ein seitlicher Ausgang ermöglichte von hier aus über einige Stufen das Betreten des östlich anschließenden Wallganges, während eine in der Nordwand gelegene, nur vom Treppenturm aus zugängliche Öffnung auf eine hölzerne Laufbrücke mündete, die nach dem Ruprechtsbau hinüber und auch ostwärts, an der Nordfront des Torturms entlang, nach dem großen Wall führte. Die Spuren dieses Laufganges erblicken wir noch deutlich am Äußern des Turmes in einer Anzahl Löcher und Eisenhaken.

Zahlreiche Steinmetzzeichen bedecken die Mauern des Torturms, wie aller Bauten Ludwigs V. Erst in neuerer Zeit hat sich die Forschung mit erhöhtem Interesse dem Studium dieser eigentümlichen, schon im Altertum nachweisbaren Zeichen zugewandt, die im allgemeinen als Urheber- und Lohnmarken innerhalb des zünftigen Baubetriebes aufzufassen, aber ihrem Ursprung und Wesen nach noch nicht völlig erkannt sind. Ihre Bedeutung für die baugeschichtliche Forschung wird erst ganz gewürdigt werden, wenn es gelungen sein wird, durch eifriges Sammeln und Vergleichen, besonders auch datierter Zeichen, gewisse zeitliche und örtliche Gruppen festzustellen. Immerhin sind auch jetzt schon durch vergleichendes Studium der an demselben Baukomplex auftretenden Marken wiederholt wichtige Resultate erzielt worden. Wenn auch die Steinmetzzeichen aus der Zeit Ludwigs V. keinen so ausgeprägten Stilcharakter tragen, daß hieraus mit Sicherheit die Bauperiode dieses Fürsten von der seiner unmittelbaren Vorgänger oder Nachfolger zu trennen wäre, so haben doch auch im vorliegenden Fall die häufige Wiederkehr derselben Formen und eine gewisse Übereinstimmung in der Art und Größe der Zeichen als Ergänzung der bautechnischen Forschung eine nicht zu unterschätzende Bedeutung für die zeitliche Feststellung der nicht inschriftlich datierten Bauten gehabt.

Steinmetzzeichen von Bauten

Ludwigs V.

Friedrichs II. und Ottheinrichs

Friedrichs IV.

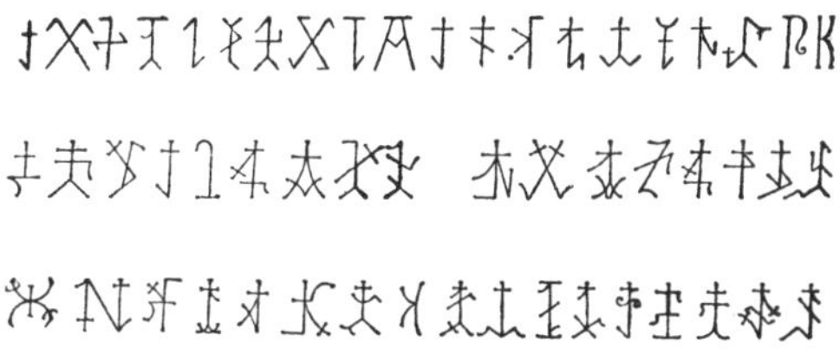

Der Turmdurchgang zerfällt in drei durch starke Pfeilervorlagen und Gurtbögen getrennte Teile. Der mittelste entspricht ungefähr der lichten Weite der darüber und darunter liegenden Geschosse und ist mit einem Kreuzgewölbe überspannt, dessen weit vortretende plumpe Rippen in der Mitte gegen eine große kreisförmige Aufzugsöffnung auslaufen, die durch alle Stockwerke geht. Bei den Gewölben in den beiden anstoßenden schmäleren Teilen ist statt dessen ein kräftiger Schlußstein mit dem pfälzischen Wappen angebracht. Die Konsolen, die den Rippen als Auflager dienen, sind zum Teil als Menschenhäupter gebildet, zum Teil mit derbem gotischen Laubwerk verziert.

Der Schloßhof und seine Bauten

Schloßhof

Im Schloßhof bietet sich uns ein Blick auf die ihn umschließenden Baulichkeiten, der in seiner Großartigkeit und malerischen Schönheit nicht seinesgleichen hat: linker Hand nebeneinander die Ruinen der drei gotischen Bauten (des Ruprechtsbaues, des zurückliegenden Bibliotheksbaues und des Frauenzimmerbaues), geradeaus der Prachtbau Friedrichs IV. mit der stolzen Ahnenreihe der Wittelsbacher und rechts daneben, durch den Vorbau getrennt, die derben Arkaden des Gläsernen Saalbaues Friedrichs II.; rechter Hand, in der Ecke sich anschließend, der weltberühmte Bau Otto Heinrichs, durch dessen Fenster der blaue Himmel schaut. Neben ihm der unscheinbare Bau Ludwigs V. mit dem Treppenturm davor, und den Reigen schließen die Wirtschaftsbauten der südöstlichen Schloßecke bis zu der malerisch dem Soldatenbau vorgelegten Brunnenhalle dicht vor uns rechts. Eine mannigfaltige Reihe von Bauten, die zu einem Ganzen gruppiert sind, wie es schöner und eigenartiger nicht gedacht werden kann.

Die allmähliche Entstehung des Schloßvierecks, das Fehlen eines einheitlichen Bauprogramms springt sofort in die Augen. Kein Gesamtplan zwängt die einzelnen Teile in gerade Baufluchtlinien, keine Rücksicht auf die anstoßenden älteren Baulichkeiten hemmt die Schaffensfreudigkeit der jüngeren Generationen. Deshalb bildet jeder Teil ein Ganzes für sich, und stolz erheben sich die prunkvollen Quadermauern der Renaissancepaläste neben den unscheinbaren gotischen Gebäuden, deren Putzverkleidung längst heruntergefallen ist. Gerade hierin aber liegt der unbeschreibliche Reiz begründet, den die Betrachtung des Heidelberger Schloßhofes immer wieder erweckt, gerade in dieser malerischen Verschiebung der perspektivischen Linien und in den Gegensätzen der künstlerischen Wirkung, von der freilich ein guter Teil auf Rechnung des zerstörten Zustandes der meisten Baulichkeiten zu setzen ist.

Wenn wir die beiden aus der Regierungszeit des Kurfürsten Karl stammenden Bilder des Kupferstechers Ulrich Kraus betrachten, können wir uns des Gefühls nicht erwehren, daß die Verschiedenheit der äußeren Ausstattung, der Größenverhältnisse, der Stilarten, des Materials damals stärker und störender hervorgetreten ist als heute, wo die Isolierung der Hauptbauten durch die anschließenden Ruinen deren Wirkung nicht unerheblich steigert, wie das Beispiel des Friedrichsbaues am besten beweist. Er war vorher durch die Nähe seines geschminkten Nachbars, des Frauenzimmerbaues, beeinträchtigt, steigt jetzt aber stolz und frei empor. Und der ganz und gar italienisch durchwehte Ottheinrichsbau hat schwerlich, weder nach dem Tode seines Erbauers noch unter Karl Ludwig, rein künstlerisch genommen, jenen harmonischen Eindruck gemacht, den er heute darbietet. Statt des ursprünglich offenbar gar nicht beabsichtigten, schwer lastenden deutschen Doppelgiebels oder der beiden an dessen Stelle getretenen Zwerchhäuser ist ein stilgemäßer horizontaler Abschluß durch die Zerstörung des oberen Teiles hergestellt und die Horizontalentwicklung der Fassade dadurch zu einer um so einheitlicheren Wirkung gebracht worden. Dies ist nicht so zu verstehen, als ob wir den französischen Heerführern und den Naturereignissen, die den Jettenbühl zu einer Ruinenstätte gemacht haben, für eine Verschönerung des Schlosses etwa noch Dank schuldig wären. Die Zerstörung des Heidelberger Schlosses an und für sich als eine schöpferische Tat zur Vermehrung seiner Schönheit zu preisen, ist Unsinn, geboten dagegen ist die unbefangene Würdigung des Vorhandenen im Lichte der Vergangenheit, und berechtigt ist die Freude an dem Eindruck der Gegenwart.

Dieser zauberhafte Hof, auf den die Jahrhunderte hinabsehen, ist die Seele des Schlosses. Durch ihn sind unzählige Geschlechter gepilgert, Kaiser und Könige, Staatsmänner und Künstler, Helden des Schwertes und des Geistes: von Kaiser Karl IV. bis zu den Herrschern vor 1918, von Oswald von Wolkenstein, dem letzten Minnesänger, bis zu Goethe und den Dichtern unserer Tage, von Franz von Sickingen und Götz von Berlichingen bis zu Bismarck. In diesem Hof fanden im Sommer 1926 die ersten Reichsfestspiele statt, die von Gustav Hartung und Rudolf K. Goldschmit-Jentner ins Leben gerufen waren. Die Aufführungen von Goethes „Götz von Berlichingen“, Kleists „Käthchen von Heilbronn“, Eichendorffs „Freier“, von Werken, die aus der Heidelberger Landschaft geboren sind und in sie wieder hineinwachsen, wurden unter dem Sternenhimmel des Schloßhofes, vor dem Wunderbau Ottheinrichs zu einem unvergeßlichen Erlebnis. Kein schönerer Rahmen konnte auch für die Serenadenkonzerte gefunden werden, die Mozarts leichte Weisen in der Sommernacht erklingen lassen. (Schon 1834—1852 gab es Musikfeste im Schloßhof.) Anm. 7 siehe S. 97

Ruprechtsbau

Der schlichte Ruprechtsbau, das Königshaus Ruprechts I., ist das älteste Wohngebäude. Als Erbauer des Erdgeschosses wird heute der Frankfurter Baumeister und Bildhauer Madern Gertener (1360—1430) angesehen, der die Arbeit um 1400 begonnen hat.

Wie schon erwähnt, lehnt sich der Ruprechtsbau im Süden und Westen an die alte ehemalige innere Zwingermauer an, die bis zur Höhe des Obergeschosses reicht und leicht zu erkennen ist. Da der auf den Mauern des Erdgeschosses ruhende obere Teil des Gebäudes ursprünglich wohl von Fachwerk war, so wird die Tätigkeit Ludwigs V. sich in erster Linie auf die Herstellung eines massiven Oberbaues erstreckt haben. Auch der Beginn dieser Bauarbeit ist im Äußern bemerkbar, besonders an der Nordostecke, wo vom ersten Stock an die Eckquader nicht nur in Größe und Farbe, sondern auch in der Bearbeitung sich deutlich von denen des Erdgeschosses unterscheiden.

Wie bei allen Schloßbauten aus der gotischen Zeit, sind die Mauern aus Bruchsteinen mit stellenweiser Verwendung von Backsteinen ausgeführt, dann mit Putz beworfen worden und mit Bemalung versehen, von der freilich kaum noch Spuren vorhanden sind. Das Äußere des Ruprechtsbaues ist so gut wie schmucklos. Kein Vorsprung, kein Erker, kein Zwischengesims unterbricht die glatte, auf Bemalung berechnete Wandfläche. Sehr mannigfaltig sind die Fenster gestaltet. Das Erdgeschoß enthielt ursprünglich wohl durchweg rundbogige dreigeteilte Fenster, wie im nördlichen Saal, wo oben noch Spuren von Maßwerkverzierung sichtbar sind. Die geradlinig geschlossenen dreiteiligen Fenster mit überhöhtem Mittelteil im nördlichen Saal sind offenbar erst später eingebrochen worden. Wie meistens bei mittelalterlichen Profanbauten, sind die dreiteiligen breiten Lichtöffnungen der oberen Stockwerke ohne Rücksicht auf die des Erdgeschosses, außerdem aber auch in ungleichen Abständen voneinander angebracht.

Die Form der geradlinig geschlossenen Fenster und die schlanke Profilierung der Pfosten und Gewände sind in beiden Obergeschossen die gleiche; dabei ist der mittlere Teil der Gangfenster, um eine bessere Beleuchtung des Fußbodens zu erzielen, so weit heruntergerückt, daß aus einem dreigeteilten Fenster drei einzelne Fenster entstanden, von denen das mittlere in flachem Bogen überspannt ist.

Der einzige plastische Schmuck am Äußern sind die beiden erneuerten Steintafeln, die symmetrisch zwischen den Fensterpaaren des ersten Stockwerks angebracht sind: Links das Sinnbild der königlichen Würde Ruprechts: die hochgestellte gotische Sandsteinplatte in einfacher Umrahmung mit dem früher reich bemalten Reichsadler, der die Wappenschilde von Pfalz (Löwe) und Bayern (Rauten) in seinen Fängen hält, ein heraldisches Meisterwerk Madern Gerteners; rechts die Renaissancetafel, die Friedrich II. im Jahr 1545 (Zahl an der unteren Schräge der Tafel) anbringen ließ. Sie trägt auf dem Helm den pfälzischen Löwen, darunter die drei Schilde des kurpfälzischen Wappens* und folgende Inschrift:

„Tausent vierhundert Jar man zelt
als pfaltzgraf Ruprecht wart erwelt
Zu Romschem kong und hat regirt.
Uff zehen Jar darjn volnfirt
Dis hauß welches pfaltzgraf Ludwig
erneuert hat wiess sted lustig.
Im vier und viertzigstem jar
funffzehen hundert auch furwar
Uss disser welt verschieden ist.
Ihr baider seln pfleg Jhesus Crist.
Amen."

Das Juwel des Baues, ein Meisterwerk gotischer Plastik — auch von Madern Gerteners Hand — ist das Engelrelief, der aufwärtsweisende Schlußstein des gotischen Eingangstores, der gewissermaßen zum Wahrzeichen des kurpfälzischen Herrschersitzes geworden ist. Zwei geflügelte kindliche Engelsgestalten, mit dem Oberkörper aus Wolken hervorragend und in ein hemdartiges Gewand gekleidet, halten einen Kranz mit fünf Rosen vor sich und mitten darin einen Zirkel, dessen Schenkel nach unten halb geöffnet sind. Dieses berühmte Relief, das einzige Original unter den Bildwerken des Schloßhofes, hält nun schon 540 Jahre lang allen Stürmen und Wettern stand; es sollte, bevor es ganz verwittert, endlich geschützt werden.

Von jeher hat die Bedeutung dieses steinernen Rätsels die Gemüter angeregt. Während die einen geneigt sind, hierin das Sinnbild der Bauhütte (Straßburger?) zu erblicken, welcher der Schöpfer des Ruprechtsbaues angehört habe, und die fünf Rosen im Kranz mit dem in den Bauhütten herrschenden Geheimniswesen (Rose uraltes Sinnbild des Todes, des Schweigens: „sub rosa") in

* Der dritte Schild ist leer, obwohl Friedrich II., als er diese Inschrifttafel anbringen ließ, den Reichsapfel im dritten Wappenschild führen durfte. Herbert Derwein vermutet, daß Friedrich absichtlich, aus Pietät, das alte Wappen anbringen ließ, um seinen Bruder und Vorgänger Ludwig V., der diesen Bau erneuert hatte, zu ehren. („Heidelberger Fremdenblatt" 1952, 12.)

Verbindung gebracht wissen wollen, suchen andere in den Rosen einen Hinweis auf den Marienkult der damaligen Zeit und erstreben eine sinnbildlich-religiöse Deutung.

Auch die Dichtung hat sich des Stoffes bemächtigt. Wir lassen die sinnige Erzählung aus G. Taylors „Klytia“ (5. Aufl., Leipzig 1884) im Wortlaut folgen: „Die Baugilde selbst ohne Zweifel hat sich in diesem Embleme verewigt. Das Volk aber erzählte, daß liebliche Zwillingsknaben die ganze Freude des Meisters gewesen seien, der das Schloß gebaut. Um sie stets bei sich zu sehen, habe er sie oft mitgenommen auf sein hohes Gerüst und sich der frischen, schwindelfreien Burschen gefreut. Aber eines Tages tat der Eine einen Fehltritt und riß den Andern mit in die Tiefe. Da ward der Meister schwermütig, also daß der Bau ins Stocken kam. Statt die Arbeit zu leiten, flocht der betrübte Vater täglich einen Totenkranz und schmückte ihn mit weißen Rosen und trug ihn nach dem Friedhof bei der Peterskirche, wo seine Lieben beerdigt waren. Kaiser Ruprecht aber ward böse, daß der Bau so langsam fortschritt, und ließ durch den Priester, der die Kinder beerdigt hatte, den Meister vermahnen. Der sagte, es sei alles fertig, aber wie er den Abschluß des Tores machen solle, falle ihm in seinem Grame nicht bei. Der Priester ermahnte und tröstete ihn dann, so gut er es vermochte, und in derselben Nacht erschienen dem Vater seine Zwillinge als lichte Engel und brachten ihm den Rosenkranz vom Grabe zurück, den er am Morgen allda niedergelegt hatte. Als der Meister vom Lichte der aufgehenden Sonne geweckt ward, gedachte er des lieblichen Traumes, ihm aber war, als ob Rosenduft seine Stube erfüllte, und als er sich aufrichtete, siehe da lag der Kranz frisch und duftig vor ihm, den er gestern auf das Grab seiner Kinder getragen und den er auch am Abend welk dort hatte liegen sehen, aber aus den weißen Rosen waren rote geworden. Alsbald war dem Meister offenbar, wie er den Abschluß des Tores zu bilden habe. Er meißelte seine Knaben, wie sie ihm erschienen, als liebliche Engelskinder, die einen Rosenkranz tragen, und in die Mitte des Kranzes setzte er das Symbol seiner Kunst, von der er damit für immer Abschied nahm.“

Derartige Engel, meist mit Wappentafeln, finden sich übrigens in der Spätgotik zahlreich als Schlußsteine, Rippenauffänger, Konsole u. a. verwendet, z. B. in Straßburg (Münster), Wimpfen (Stadtkirche), Heidelberg (Heiliggeistkirche), Alpirsbach (Kreuzgang) und anderwärts.

Dem Engelrelief wurde 1891 folgende Deutung gegeben: „Der Zirkel bedeutet den Bau, der Kranz mit den fünf Rosen die Gebete, mit denen der fromme Bauherr den Bau unternommen hat. Die beiden Engel, die auf den Wolken schweben, tragen den vom Kranz umschlossenen Zirkel empor zur Jungfrau Maria und überbringen ihr damit die Gebete, die den Bau ihrer Gunst empfehlen“ (Koch und Seitz). Nach neuen Forschungen bedeutet der Zirkel nicht den Bau selbst. Er bezeugt, daß beim Bau dieses fürstlichen Hauses das rechte Maß und die rechte Zahl zur Anwendung gekommen sind und daß deshalb das Bildwerk, das die Boten Gottes, des großen Weltbaumeisters, tragen, ein Schutzzeichen geworden ist, das böse Mächte abwehren wird. (G. F. Hartlaub, „Heidelberger Fremdenblatt“ 1950, 15.)

Der gewölbte breite Gang, der das 8 m hohe Erdgeschoß des Ruprechtsbaues in ziemlich gleich große Hälften teilt, wird vorn durch ein Rundfenster oberhalb der Eingangstür, hinten durch ein Oberlicht über dem Ausgang neben dem Treppenturm erhellt. In der Nähe des Eingangs führen energisch profilierte, spitzbogige Türen in die beiden ehemaligen Haupträume des Baues. Nur der südlich gelegene Saal mit den vier auf einer mittleren Säule ruhenden Kreuzgewölben ist noch in seinem ursprünglichen Zustande erhalten. Die Schlußsteine der Gewölbe des südlichen Saales, ebenso wie die des Ganges, zeigen Wappenschilde, die auf das Geschlecht des Erbauers Bezug nehmen. Die Erklärung der vier Wappen im Saale macht keine Schwierigkeit. Dargestellt sind: 1. das kurfürstliche Wappen, 2. das der Grafen von Scheyern und Wittelsbach als der Ahnherren des Hauses, 3. das Wappen der Elisabeth, Gemahlin König Ruprechts, einer Tochter des Burggrafen Friedrich V. von Nürnberg und 4. das Wappen der 1409 verstorbenen ersten Gemahlin Ludwigs III., des ältesten Sohnes und Nachfolgers König Ruprechts. Dagegen haben Koch und Seitz mit Recht darauf hingewiesen, daß der (im Gange) dem Turm zunächst befindliche Schlußstein, der das Allianzwappen von Pfalz-Bayern mit dem Zollernschen Kurhause von Brandenburg enthält, erst gefertigt sein kann, nachdem die Hohenzollern in den Besitz der Kur gelangt waren, was bekanntlich erst fünf Jahre nach Ruprechts III. Tode geschah (1415). Hieraus den Schluß zu ziehen, daß der Bau nicht von Ruprecht vollendet worden ist, erscheint durchaus gerechtfertigt. Es dürfte aber schwer zu entscheiden sein, ob dies bereits unter Ludwig III. (Huffschmid) oder erst unter Ludwig IV. (Seitz) erfolgt ist.

Der Umstand, daß nur der südliche Raum des Erdgeschosses unterkellert war und daß über der südlichen Gangwand eine Brandmauer emporstieg, legt den Gedanken nah, daß die ursprüngliche Pfalz König Ruprechts nur den südlichen, fast quadratischen Teil umfaßt und einer seiner direkten Nachfolger die Vergrößerung in die jetzige Gestalt des Grundrisses vorgenommen habe. Die Abweichung der Fenster in den Sälen des Erdgeschosses würde dadurch leicht erklärlich, ebenso die Anbringung des vorerwähnten Allianzwappens im Gange und der Inschrifttafel Friedrichs II. als Gegenstück zu dem Adler König Ruprechts. In diesen ungelösten Rätseln liegt ein Hauptreiz der Beschäftigung mit der Geschichte des alten Herrschersitzes.

Der südliche Saal, der ehemalige Festsaal, gewöhnlich der Rittersaal genannt, ist gegen Ende des 19. Jahrhunderts neu hergerichtet worden, und bei dieser Gelegenheit wurde das Fenster in der Südwand eingebrochen. Damals wurden auch die Glasfenster erneuert und die alten vorhandenen Zierscheiben darin wieder eingesetzt. Der Mehrzahl nach sind die Schweizer Scheiben des 17. Jahrhunderts von mittlerem Kunstwert; das älteste und interessanteste Stück ist der eigentümliche Christuskopf, der wohl in den Anfang des 15. Jahrhunderts, wenn nicht früher, zu setzen sein dürfte. In diesem Saal steht der große Kamin Friedrichs II., der als ein Prachtstück deutscher Bildhauerkunst bezeichnet werden kann. Die Zeit der Entstehung gibt die unten am Architrav befindliche Jahreszahl 1546 (Leger) an, die nur noch teilweise leserlich ist, seitdem das betreffende Stück der Unterseite durch eine häßliche eiserne Stütze fast ganz zerstört und verdeckt wurde. Der Kamin war einst die Zierde des Speisesaals im Gläsernen Saalbau Friedrichs II., muß dann lange unter freiem Himmel gestanden haben, ist jedenfalls durch Witterungseinflüsse teilweise bis zur Unkenntlichkeit entstellt. Aber es gehört nur wenig Vorstellungskraft dazu, um sich den Aufbau in seiner ursprünglichen Wirkung zu ergänzen.

Das Material ist grauer Keupersandstein, der Aufbau der übliche: Zwei pfeilerartige, schmale Wangensteine auf niedrigem, rings skulptiertem Sockel, vorn und an den Seiten mit zierlich aufsteigenden Pilasterfüllungen geziert, tragen je eine weit ausladende Konsole, die an der abgerundeten Vorderseite unterhalb zarter Voluten derbe, leider sehr verstümmelte Männermasken, an den Seitenflächen Rankenornamente in reichster Verschlingung aufweisen und dem

Kamin Friedrichs II. im Ruprechtsbau (1546)
Nach Graimberg

Oberbau als Auflager dienen. Dieser besteht aus einer ursprünglich in einem Stück durchgehenden Gebälkplatte, die jetzt leider in der Mitte gebrochen und durch die Eisenstange gestützt ist. Der mehrfach geteilte Architrav ist in zierlichster Weise profiliert und mit mannigfaltigen, der Antike entnommenen Bandornamenten (Eierstab, Perlschnüre) reich besetzt. Ein in der Mitte eingesetzter geflügelter Engelskopf unterbricht die gerade Linie aufs glücklichste, wie auch der unverhältnismäßig hohe Fries durch einen kleinen Pfeiler geteilt ist, der die Sinnbilder von Tod, Schlaf, Zeit und Ewigkeit (Totenkopf, Mohnblume, Sanduhr, Schlangen) aufgemeißelt zeigt. Der linke Abschnitt enthält eine kaum noch lesbare Inschrift, in der sich Friedrich II. als Erbauer dieses Prachtstückes nennt; die gereimte Inschrift der rechten Seite erzählt von dessen Gemahlin, der zu Ehren der Kamin errichtet wurde. Ein reiches Gesims mit kräftiger Ausladung und Kröpfung über dem Mittelpfeiler krönt diese Platte, deren Doppelteilung sich in dem oberen Aufbau fortsetzt. Schmale Pilaster an den Seiten und in der Mitte flankieren hier zwei abermals von kleinen Pfeilervorlagen mit darüber gespanntem Segmentbogen eingeschlossene Platten. Als Ergänzung zu den Inschriften enthalten sie die von Löwen getragenen Wappenschilde des Bauherrn und seiner Gemahlin sowie in den Bogenzwickeln vier Medaillons, die (nach Leger) Kaiser Karl V., den Onkel Dorotheas, und dessen Gemahlin Isabella von Portugal sowie die Eltern der Kurfürstin — König Christian von Dänemark und dessen Gattin Isabella, die Schwester Karls V. — darstellen. In derselben Weise sehen wir unten an den Innenseiten der Wangensteine die leider schlecht erhaltenen Bildnisse Friedrichs II. und Dorotheas angebracht. Pilaster und Pfeiler sind auch hier mit zierlichen Füllornamenten bedeckt. Die rechte Außenseite zeigt dasselbe Monogramm CF, das wir auch draußen an der Tafel Friedrichs II. finden.

So können wir mit Rott annehmen, daß der Schöpfer dieses Meisterwerks jener Conrad Forster gewesen ist, der auch die Inschrifttafel am Bau geschaffen hat, die in Technik und Form mit diesem Kamin durchaus übereinstimmt. Zu der willkürlichen, verständnislosen Art, mit der die damaligen deutschen Künstler die „antikischen“ Formen zu behandeln pflegten, steht die Formgebung an unserem Kamin in erfreulichstem Gegensatz. Hinsichtlich des Technischen verdient der Künstler uneingeschränktes Lob, zumal wenn man beim Nähertreten alle Feinheiten in der Ausführung der Ornamente ins Auge faßt und dabei die Minderwertigkeit und Vergänglichkeit des Materials berücksichtigt. Erst die Herstellung einer getreuen Kopie wird uns den ganzen Reiz des Werkes enthüllen. Möge eine solche nicht zu lange auf sich warten lassen!

Am westlichen Ende des Ganges im Erdgeschoß sind zwei Türöffnungen, von denen die eine rechts in den ehemaligen Westzwinger führt, während die andere den Zugang zur Treppe zu den oberen Geschossen bildet. Die Jahreszahl 1543 auf dem Scheitelquader dieser Tür nimmt jeden Zweifel über den Erbauer des Treppenturms. Der rundbogige Abschluß und die schwächliche, an der Vorderseite und auf der Schräge wiederkehrende Profilierung des Gewändes sind auf Renaissance-Einflüsse zurückzuführen, wie wir solche unter Ludwig V. auch bereits am Wappen des Torturms festgestellt haben. Die Wendelstiege (Schnecke) mit der tief ausgehöhlten geschwungenen Spindel erscheint als ein Meisterwerk der Steinmetzkunst und ist bis über den ersten Stock hinaus fast unversehrt erhalten; die Fugen schließen heute fast wie vor 400 Jahren, und das herrliche Material zeigt nur verhältnismäßig geringe Spuren von Abnutzung. Außer den geradlinig geschlossenen Fenstern sehen wir in der Wand des Turmes eine Anzahl ehemals durch Drahtgitter verschließbarer viereckiger Öffnungen, die zur Aufstellung von Beleuchtungsgegenständen dienten und oben mit kleinen Luftabzügen versehen sind.

Wir betreten den durch eine Lattentür verschlossenen Gang des oberen Stockwerks, der durch eine auf Backsteinpfeilern ruhende Verdachung geschützt ist, und blicken in den nördlichen Teil des Baues hinab. Links, in der gegenüberliegenden Ecke, sehen wir, in welcher Weise das Hauptgeschoß des Ruprechtsbaues mit den anstoßenden Bauten in Verbindung gesetzt war: Die Tür in der Westwand führt über einige Stufen schräg durch die Mauer in das erste Obergeschoß des Bibliotheksbaues hinab, die andere auf den hölzernen Gang, der vor der Ostfront dieses Baues entlanglief und eine direkte Verbindung mit dem Frauenzimmerbau herstellte. Im obersten Stock befindet sich eine Tür, die nach außen auf eine Verbindungsgalerie an der Südseite des Bibliotheksbaues führte. Deutlich bemerkt man zugleich die geringe Höhe der durch Balkendecken geschiedenen Stockwerke.

Die ehemalige Zimmereinteilung hier oben ist nicht mehr vollständig zu bestimmen, weder für die ganz in Ruinen liegende nördliche noch für die notdürftig mit einem Schutzdach abgedeckte südliche Hälfte. Nur das Vorhandensein eines Ganges an der Ostfront, auf den die erwähnten Türen mündeten, läßt sich mit ziemlicher Sicherheit nachweisen. Das Mauerwerk des Treppenturmes, das unten stumpf an das ältere Mauerwerk anstößt, steht hier oben im Verband mit der Westmauer, eine weitere Bestätigung der Annahme, daß diese oberen Teile von Ludwig V. herrühren. Anm. 8 siehe S. 97 f.

Soldatenbau und Brunnenhalle

Dem Ruprechtsbau gegenüber liegen der Soldatenbau und die Brunnenhalle. Die Bestimmung des Soldatenbaues ist sowohl aus dem Namen als auch aus der Lage in der Nähe des Haupteinganges ersichtlich. Im Gegensatz zu den anstoßenden Wirtschaftsgebäuden ist hier im Süden die innere Zwingermauer bis auf den Boden abgebrochen und die Wand von unten aus neu aufgeführt worden. Dadurch entstand der Absatz in der Mauerflucht der Südseite, an dem die Treppenstufen des jetzigen Zuganges zum ersten Stockwerk liegen. Der Bau ist dreigeschossig: unten die ehemalige Wachtstube, darüber die Wohnräume der Soldaten, die einst abgesondert lagen, jetzt mit den anstoßenden Räumen in Verbindung gebracht und zur Wohnung für Schloßbeamte eingerichtet worden sind.

Die nach Norden zu an die Wachtstube anstoßende Brunnenhalle ist wohl das Leichteste und Anmutigste, was Ludwig V. geschaffen hat, ein heiterer Gegensatz zum mächtigen Torturm, ein Schmuckstück im Vergleich zu den anderen einfachen Brunnenbauten des 16. Jahrhunderts. Vier freistehende Monolithen und zwei an die Wand gelehnte Halbsäulen, die antiken Ursprungs sind und sämtlich verschiedenen Durchmesser haben, tragen die tief gekehlten Spitzbögen, auf denen die Obermauern ruhen und zwischen denen sich die Rippen eines weiten Kreuzgewölbes spannen. Der einst halb verschüttete, jetzt ausgeräumte alte Ziehbrunnen, der sich unter dieser Halle befindet, ist etwa 16 m tief (11 m Lehmschicht, dann Granit), war vermutlich schon 1508 vorhanden, ist seit 1815 leer.

Recht ungeschickt nehmen sich jene roh und flüchtig gearbeiteten Untersätze und Aufsätze von Sandstein aus, die in ihrer Formgebung deutlich den Stil der übrigen Bauten Ludwigs V. verraten. Das die Halle überspannende Kreuzgewölbe zeigt kräftige Rippen und einen Schlußstein, dessen Unterseite ohne Verzierung gelassen ist. Der durch ein einfaches Gurtgesims abgetrennte eingeschossige Oberbau mit den dreigeteilten gotischen Fenstern hat etwa die halbe Höhe der Halle. Das kräftige Hauptgesims bildet einen wirksamen Abschluß.

Über die Herkunft der Säulen berichtet uns Sebastian Münster, der gelehrte Kosmograph (1525 bis 1529 Professor in Heidelberg), daß sie noch zu seiner Zeit in seiner Vaterstadt Ingelheim am ehemaligen Palast Karls des Großen gestanden hätten und vom Kurfürsten Philipp, dem Vater Ludwigs V., nach Heidelberg auf das Schloß gebracht worden seien, wo sie sich noch befänden. Wenn er die Säulen dabei als aus Ravenna stammend bezeichnet, so ist dies auf eine mißverstandene Stelle in Einhards „Lebensbeschreibung Karls des Großen" zurückzuführen oder als eine jener Anekdoten zu bezeichnen, mit denen die damaligen Geschichtsschreiber ihre Darstellung zu schmücken pflegten. Zweifellos erscheint dagegen der römische Ursprung der Säulen. Das Material von fünf dieser sechs Säulen ist Hornblendegranit, wie solcher häufig im nördlichen Odenwald, z. B. auch in den alten Römersteinbrüchen auf dem Felsberg, vorkommt und in zahlreichen Skulpturresten auf uns gekommen ist. Es erscheint somit wahrscheinlich, daß Karl der Große diese Säulen einem in der Nähe, etwa in Mainz, befindlichen antiken Bauwerke entnommen und für seinen säulenreichen Ingelheimer Palast verwendet hat. Einen Anhaltspunkt für die Richtigkeit der Münsterschen Angabe liefert auch der Umstand, daß in Ingelheim heute noch vom ehemaligen Palast Karls des Großen ein Säulenstumpf vorhanden ist, der aus demselben Kalkstein besteht wie die an der südwestlichen Ecke unserer Brunnenhalle befindliche Halbsäule. Aber auch wenn Technik, Material und Überlieferung nicht so deutlich dafür sprächen, der römische Ursprung der Säulen an der Brunnenhalle ist allein schon in ihrer Form erkennbar. Das Verhältnis der Höhe zum Durchmesser sowie die Art der Verjüngung — das Auge glaubt sogar eine leise Anschwellung zu bemerken — weisen auf gute römische Tradition, also auf das erste christliche Jahrhundert hin. (P. Clemen „Der karolingische Kaiserpalast zu Ingelheim" in „Westdeutsche Zeitschrift" IX, Trier 1890, Seite 76 f., und „Neues Archiv" III, 24 und 62.)

Bibliotheksbau

Der nördlich vom Ruprechtsbau stehende Bibliotheksbau ist errichtet worden, nachdem der Westzwinger, den er in zwei Teile trennt, seine Aufgabe als Teil der Befestigung an den Stückgarten abgetreten hatte. Heute erscheint er nicht nur wegen seiner Lage mitten im ehemaligen Zwinger, sondern auch wegen der völlig mit den übrigen Bauten Ludwigs V. übereinstimmenden Bauformen und Steinmetzzeichen als das jüngste der gotischen Bauwerke und, abgesehen von den Wiederherstellungsarbeiten am Ruprechtsbau, gewissermaßen als Schlußstein in der Bautätigkeit des großen Schloßbaumeisters. Die Ost- und Westfront dieses eigenartigen, auf ungefähr quadratischem Grundriß angelegten Bauwerkes ruhen auf der alten inneren und äußeren Wallmauer, nur die Süd- und Nordseite mußten von Grund aus errichtet werden und stoßen deshalb stumpf an die betreffenden älteren Mauerteile an.

14. Das Heidelberger Schloß zur Zeit Merians. Rekonstruktionszeichnung von Julius Koch, 1909.

15. Das Standbild „Stärke“ von der Westfassade des Ottheinrichsbaus. Nach Koch und Seitz.

16. „Saturn“ am zweiten Stockwerk der Westfassade des Ottheinrichsbaus. Nach Koch und Seitz.

17. Die Westfassade des Ottheinrichsbaus. Nach Koch und Seitz.

18. Das Portal des Ottheinrichsbaus. Nach Koch und Seitz.

19. Die Südfassade des Gläsernen Saalbaus. Nach Koch und Seitz.

20. Die Südfassade des Friedrichsbaus. Nach Koch und Seitz.

21. Fassadenausschnitt von der Hofseite des Friedrichsbaus mit Ludwig VI. Nach Koch und Seitz.

22. Fassadenausschnitt von der Hofseite des Friedrichsbaus mit Friedrich I. Nach Koch und Seitz.

Den Hauptzweck des Baues gibt sein Name an; außerdem mag er noch zur Unterbringung des Archivs und — wenigstens vorübergehend — auch der Kunstkammer, die damals an keinem Herrschersitze zu fehlen pflegte, gedient haben. Das unterste Geschoß scheint als Schatzkammer und Münzstätte benutzt worden zu sein. Diesen Zwecken entsprechend ist der Bibliotheksbau, als der einzige im ganzen Schloßbezirk, in allen Stockwerken von vornherein mit gewölbten Decken versehen worden; daher auch die gewaltige Stärke der Umfassungsmauern, die unten mit fast 3 m beginnt und im oberen Stockwerk noch über 1,5 m beträgt.

Die Geschichte dieses Baues ist kurz erzählt. Das steile, vierseitige Dach, das auf der alten Münsterschen Ansicht von 1550 erscheint, wurde aus unbekannter Ursache bereits unter Friedrich II. durch ein Satteldach ersetzt, das mit verzierten Giebeln versehen war. Auch der Bibliotheksbau fiel im Orléansschen Krieg (1693) völliger Zerstörung anheim; die ganze westliche Hälfte des festen Gemäuers wurde losgesprengt und stürzte in den Zwinger und Hirschgraben hinab. Nur ein Teil der im untersten Geschoß gelegenen Räume und die an der Ostfront gelegenen Gänge blieben unversehrt und besitzen noch die alte Überwölbung. Alles in allem ist der Bibliotheksbau die großartigste Ruine unter den ehemaligen Wohnbauten des Schlosses.

Wir betrachten zunächst das 4,60 m hohe Erdgeschoß. Die Grundrißeinteilung ist klar und einfach. An der Ostfront führt ein schmaler Gang entlang, der in der Mitte auf die das Kellergeschoß mit dem Erdgeschoß und dem ersten Stockwerk verbindende Wendeltreppe mündet. Im rechten Winkel stößt ein bis zur Westmauer durchlaufender Gang, zu dessen Seiten links und rechts je zwei große Räume liegen, die mit Kreuzgewölben aus Backsteinen versehen sind. Die Nord- und Südwand hatte breite Doppelfenster mit geradem Sturz innerhalb mächtiger Entlastungsbögen; schmale spitzbogige Eingangstüren verbanden die Räume, die sämtlich heizbar waren, wie die in den Wänden liegenden Schornsteine beweisen. In dem der Eingangstür vom Ruprechtsbau zunächst gelegenen Raum sah man noch im Anfang des 20. Jahrhunderts die Überreste eines Wandgemäldes aus der Zeit der Errichtung des Baues.

Es handelte sich um die damals sehr beliebte Darstellung eines festlichen Zuges, der sich von rechts nach links hin bewegt und auf den Frauen und Männer von einem erhöhten Standpunkt aus herabschauen. Ein zweites Bild scheint sich dicht darüber befunden zu haben (Koch und Seitz).

Steigen wir zunächst auf der erneuerten Wendeltreppe in das erste obere Stockwerk, das Hauptgeschoß, so gelangen wir hier gleichfalls in einen die östliche Front entlanglaufenden gewölbten Gang, in dem wir am besten die ehemalige bedeutende Höhe dieses Geschosses erkennen können. Die mittlere Treppe hört hier auf, setzt sich aber am nördlichen Ende des Ganges in einer geräumigen, jetzt fast ganz zerstörten Wendelstiege fort, die zur Verbindung mit dem obersten Stockwerk diente. Deutlich ist zu sehen, wie hierbei die äußere Wandung des anstoßenden älteren achteckigen Treppenturmes benutzt und eine Tür zur Verbindung mit dem Frauenzimmerbau in dessen Quaderwerk eingebrochen worden ist. Eine dicht am Treppenturm in der Ostmauer des Ganges befindliche Tür führte zu dem an der Front entlanglaufenden Balkon. Außerdem ist weiter nach Süden zu die Öffnung sichtbar, die schräg durch die Mauer in das erste Geschoß des Ruprechtsbaues mündete.

Das Hauptgeschoß enthielt nur einen großen, etwa 6,60 m hohen Saal, den Bibliotheks-saal. Treten wir durch die spitzbogige Öffnung hinaus in den freien Raum, über dem sich jetzt der Himmel wölbt, so bietet sich uns ein eigenartiger Anblick. Die westliche Umfassungswand fehlt ganz, die südliche zur Hälfte, und frei ergeht sich der Blick über den Graben hinweg in die Stille des Stückgartens und zur Berglehne, die einst das obere Schloß trug. Vor uns erhebt sich der Stumpf der starken Säule, die einst die vier Sterngewölbe, mit denen der Bibliothekssaal überdeckt war, in der Mitte stützte. Nur die eigentümliche Basis, aus zwei übereinander verschobenen Quadraten mit Eckzwickeln gebildet, und drei Rundtrommeln sind noch an Ort und Stelle; der obere Teil mit dem Kapitell ist verschwunden. Dagegen läßt sich die ehemalige Einteilung der Decke an den noch in den Wänden steckenden Rippenanfängern gut erkennen und rekonstruieren. Von jedem Kämpferpunkte aus spannte sich zunächst ein breiterer, das Gewölbefeld abteilender Gurtbogen nach der Mitte herüber, und aus den Ecken stiegen beiderseitig je drei Rippen schräg zur Diagonal- und Zwischenteilung der Kappen empor. Die Art, wie diese Rippen sich durchschneiden, ihre schlanke Profilierung, die naturalistische Behandlung der ihnen zum Auflager dienenden Konsolen mit den eigentümlichen knorrigen Ästen als Ausläufern und den sich überblattenden Rundstäben, die Form des Säulenfußes — alles dies verrät den Geschmack der absterbenden Gotik, die sich in derartigen Willkürlichkeiten und naturalistischen Spielereien nicht genug tun konnte. Von den großen vierteiligen Fenstern, die einst diesen prächtigen Raum erhellten, ist nur ein einziges, in der Nordwand, erhalten.

Der einstige Eindruck dieses weiten Raumes mit seinen hohen Gewölben muß großartig gewesen sein, würdig dem Zwecke, dem er diente. Zur Zeit der Errichtung des Bibliotheksbaues war freilich die berühmte „Bibliotheca Palatina" zusammen mit den übrigen Bücherschätzen der Universität bereits „auf dem oberen Gewölb", nämlich auf den Emporen der Heiliggeistkirche untergebracht, von wo aus sie bekanntlich 1623 nach Rom entführt wurde. Die Kurfürsten hatten aber daneben stets eine eigene bedeutende Privatbibliothek oben im Schloß, zu der wohl auch der 1888 glücklich seiner alten Heimat wiedergegebene Manesse-Codex, die „Große Heidelberger Liederhandschrift", gehört hat, deren erster Besitzer Friedrich IV. gewesen sein soll.

Ein mäßig großer Raum im zweiten Obergeschoß endigt nach Osten zu in einem zierlichen gotischen Erker, von dem aus wir in den kleinen Hof zwischen Ruprechts- und Frauenzimmerbau hinabblicken. Der kleine Ausbau ist aus dem Achteck konstruiert und an den drei Hauptseiten mit zweigeteilten Fenstern, an den halben Achteckseiten mit je einer halben Öffnung versehen. Das Maßwerk zeigt leichte, gefällige Formen, bei denen weit vorspringende Nasen und die spätgotische Fischblase die

Hauptrolle spielen. Zierliche Eckkonsolen tragen die Rippen des guterhaltenen kleinen Sterngewölbes.

Nach Norden zu schließt sich hier ein kleiner, durch eine schmale Spitzbogentür zugänglicher Raum an, der zur Aufbewahrung von besonders wichtigen Urkunden oder Büchern, jedenfalls aber nicht als Hauskapelle, wie gewöhnlich angenommen wird, gedient haben mag.

Jenseits dieses Raumes liegt die Wendelstiege, von der aus der Zugang zu dem obersten Stockwerk war. Die ehemalige Einteilung der Zimmer hier oben läßt sich nicht mehr genau bestimmen. Daß auch dieses nur 4,20 m hohe Stockwerk gewölbt war, zeigt am deutlichsten der Rippenanfänger, den wir in der Nordwestecke hinter einem halbzerfallenen Kamin hervorkommen sehen. Die Hauptfenster waren ähnlich denen der beiden untersten Geschosse meist zweiteilig mit geradem Sturz; außerdem sind an der Nordwand zwei kleinere, ohne Zwischenteilung, erhalten. Die in der Südwand sichtbare Türöffnung scheint nachträglich eingebrochen zu sein, als sich das Bedürfnis herausgestellt haben mochte, mittels einer äußeren Galerie eine direkte Verbindung mit dem obersten Geschoß des Ruprechtsbaues herzustellen.

Im etwa 5 m hohen untersten Geschoß, dem Kellergeschoß, dessen Sohle etwas tiefer liegt als die anstoßenden Teile des ehemaligen Zwingers, wiederholt sich die Verteilung des Erdgeschosses, doch ist ein zweiter, von Norden nach Süden führender Gang eingelegt, durch den ein kreuzförmiger Grundriß entsteht. Dieser zweite Gang hatte den Zweck, eine ebenerdige Verbindung zwischen dem südlichen und nördlichen Teil des Zwingers herzustellen. Von den vier ungefähr gleich großen Räumen mögen die beiden noch von den alten Kreuzgewölben überdeckten östlich gelegenen ehemals als Münze gedient haben, die beiden westlichen Gelasse mit den eingestürzten Gewölben waren vielleicht die Schatzkammern. Hier unten sieht man auch am besten die gewaltige Stärke der Umfassungsmauern, besonders der westlichen, die fast 3 m mißt und zahlreiche Werkstücke eines älteren Baues, zum Teil auch Architekturteile, eingemauert enthält. Größere und kleinere doppelteilige Fenster erhellten diese Räume, die nur durch je eine spitzbogige Tür von den Gängen aus zugänglich waren.

Die Hoffront des Bibliotheksbaues erhebt sich — wie die des Ruprechtsbaues — ohne architektonische Gliederung mit glatten verputzten Mauerflächen. Auch hier sitzen ganz verschieden große Fensterlöcher unsymmetrisch und ohne Umrahmung in der Wand. Durch äußere Zutaten war aber hier doch wenigstens einigermaßen für die Belebung der eintönigen Flächen gesorgt. Die Hauptzierde der Hoffront ist der bereits erwähnte reizende gotische Erker. Sein Unterbau wächst von einer Konsole aus, die mit den im großen Saale befindlichen Rippenstützen völlig übereinstimmt, in sanfter Ausladung fünfseitig aus der Mauer hervor und geht ohne ein trennendes Gesims in die senkrechten Umfassungswände über. Die in der Form von Strebepfeilern gebildeten zierlichen Eckverstärkungen ruhen gleichfalls auf kleinen Konsolen. Das geschweifte Dach ist jünger.

Außerdem liefen zwei hölzerne Galerien dicht übereinander die Front entlang, die untere diente als Balkon für das Hauptgeschoß und war nur von diesem aus zugänglich, die obere in halber Stockwerkshöhe war als Verbindungsgang zwischen Frauenzimmer- und Ruprechtsbau angelegt. Noch sind die sechs schweren steinernen Konsolen vorhanden, auf denen das Holzwerk der unteren Galerie ruhte, aber auch von dem oberen Gange sind noch die Balkenlöcher in der Mauerfläche und die Anschlußspuren des ihn bedeckenden Pultdaches deutlich zu sehen.

Über die ehemalige Wirkung dieser Vorbauten und der ganzen Hoffront des Bibliotheksbaues sind wir wieder durch den Krausschen Stich unterrichtet. Dort sehen wir auch den steilen Giebel des Satteldaches aufragen, der bereits unter Friedrich II. errichtet worden ist und auf den treppenförmigen Absätzen mit viertelkreisförmigen Füllstücken im Renaissancestil verziert war. Merkwürdigerweise hat der Zeichner den Erker weggelassen, durch den die obere Partie der Fassade so schön belebt wurde. — Daß der in der Ecke rechts anstoßende kleine Treppenturm, der jetzt nur noch mit drei Seiten seines Achteckes ins Freie tritt, zum Frauenzimmerbau gehört hat und älter als der Bibliotheksbau ist, kann auch hier draußen deutlich erkannt werden, da dessen Mauerwerk stumpf dagegen anstößt. Die ehemals vom Hof aus hineinführende Tür, die es ermöglichte, daß man von außen zu den Obergeschossen des Frauenzimmerbaues gelangte, ist zugemauert.

Anm. 9 siehe S. 98

Frauenzimmerbau

Über die Geschichte des Frauenzimmerbaues haben erst die Untersuchungen des Schloßbaubüros Licht gebracht. Danach wissen wir, daß an die nordwestliche Ecke des inneren Mauerzuges bereits im 15. Jahrhundert sich ein kleineres Gebäude angelehnt hat, dessen südliche Ausdehnung noch nicht die Hälfte des jetzigen Baues einnahm. Ludwig V. war es, der auch hier neugestaltend vorging und unter Niederlegung der ehemaligen Südfront dem Bau seine heutigen Abmessungen gab. Bei dieser Gelegenheit mußte auch eine südlich getrennt liegende kleine Baulichkeit fallen, deren Grundmauern aus dem Beginn des 13. Jahrhunderts zu stammen schienen. Über den Aufbau sind wir durch ältere Abbildungen nicht genügend unterrichtet, wir dürfen aber annehmen, daß das heute noch vorhandene Untergeschoß ein massives Obergeschoß und darüber einen zweiten Stock aus Fachwerk getragen hat. An den Schmal- und Längsseiten sprangen viereckige erkerartige Vorbauten heraus, die im unteren Teil noch erhalten sind. Ein steiles vierseitiges Walmdach bedeckte das Ganze. Die Urheberschaft Ludwigs V. läßt sich auch hier hauptsächlich an den Kunstformen, der Technik des Mauerwerks und den Steinmetzzeichen erweisen.

Der Dreißigjährige Krieg scheint die Zerstörung des Daches und damit auch des obersten Stockwerks herbeigeführt zu haben. Möglicherweise war aber auch bereits unter Friedrich IV. eine Erneuerung dieser Teile im Zusammenhang mit einer Veränderung der Nordfront vorgenommen worden. Wir sehen auf dem Krausschen Kupfer einen stolzen Palast emporragen, haben es aber nicht mit einer reich gegliederten, plastisch durchgebildeten Fassade, sondern nur mit einer Scheinarchitektur zu tun, die auf dem Verputz aufgemalt war. Das Bestreben hierbei, den älteren Bau den beiden Prachtbauten Ottheinrichs und Friedrichs IV. im Stil und in der Ausstattung näherzubringen, ist sowohl in den Einzelheiten der architektonischen Dekoration als besonders auch in der Anbringung der Zwerchhäuser oben am Dach unverkennbar.

Es ist freilich hierbei nicht zu übersehen, daß die Krausschen Ansichten mit einiger Vorsicht zu behandeln sind. Immerhin steht fest, daß Karl Ludwig den Frauenzimmerbau durch einen italienischen Maler Monchy hat bemalen lassen, was auch durch die wiederholt vorkommende Bezeichnung „der gemalte Bau" bestätigt wird. Welche Geschmacksverirrung dazu gehörte, unmittelbar neben die kraftstrotzende Fassade des Friedrichsbaues solche schwächliche Scheinarchitektur zu setzen, bedarf keiner Ausführung.

Den gänzlichen Ruin des Baues führte auch hier der Orléanssche Krieg (1689) herbei. Der Blitzstrahl des Jahres 1764 fand hier nichts mehr zu zünden. Auf den von mir aufgefundenen, 1751 entstandenen Thumschen Zeichnungen erscheint das Gebäude völlig als Ruine.

Der große Saal des allein noch erhaltenen Erdgeschosses war einst der Hauptfestraum des Schlosses, der „Königssaal", der 1534 eingeweiht worden war und seitdem manche vornehme Festgesellschaft beherbergt hat. Ringsum an den Wänden hing eine von Zeitgenossen viel gepriesene Sammlung von Ahnenbildern des Wittelsbacher Hauses (Näheres darüber in meinem Aufsatz über Sebastian Götz im zweiten Bande der „Mitteilungen zur Geschichte des Heidelberger Schlosses"), über deren Verbleib nichts bekannt ist. Nach Erbauung der Festsäle im Gläsernen Saalbau und im Ottheinrichsbau verlor der Königssaal seine Bedeutung. Er wurde allmählich zur „Türnitz" (von „Turnier") degradiert, zu einem Raum, in dem bei ungünstiger Witterung Ritterspiele stattfanden, auch Versammlungen abgehalten oder bei festlichen Gelegenheiten die Dienerschaften gespeist wurden. Zu Beginn des 17. Jahrhunderts war er Bildhauerwerkstatt für Sebastian Götz und seine Gesellen, die am Friedrichsbau arbeiteten (1601—1607), doch wurde er, da er der größte Raum des Schlosses war, bisweilen wieder als Festsaal benutzt, so 1671 bei dem Bankett anläßlich der Hochzeit des späteren Kurfürsten Karl mit Wilhelmine Ernestine, der Tochter des Königs Friedrich III. von Dänemark. Im 18. Jahrhundert diente er als Arbeitsraum für den Hofküfer und die Faßbinder, die hier um ihre Fässer eiserne Bänder legten. (Deshalb die früher allgemeine Bezeichnung „Bandhaus"). Da die Küfer klagten, daß ihnen das Regenwasser auf die Fässer liefe, ließ Karl Theodor nach Abbruch der noch aufragenden westlichen Teile die Ruine mit dem jetzigen plumpen Dach versehen.

Der ehemalige Königssaal, der durch zehn große dreiteilige Fenster erhellt wurde, war 34,65 m lang, 16,70 m breit und 7,40 m hoch. Die hölzerne Decke ruhte auf den Längswänden und in der Mitte auf vier steinernen Stützen, die einen von Norden nach Süden durchlaufenden Balken als mittleres Auflager für die Deckenbalken trugen. Der etwas erhöhte obere Teil des Saales war der Platz für die Fürstentafel; von hier aus sah man auch den Ritterspielen zu.

Der jetzige rundbogige große Haupteingang vom Schloßhof aus ist neueren Ursprungs. Zur Belebung des Innern wie des Äußern waren an allen vier Seiten je ein von einem zierlichen Sterngewölbe bedeckter viereckiger Erkerausbau angebracht, von denen der in der Ostfront gelegene wegen Baufälligkeit abgerissen worden ist. Der bedeutsamste und größte dieser Erker, der ehemals vor die Nordfront vorsprang, tritt außen nicht mehr hervor. Nach Errichtung des Friedrichs- und des Englischen Baues, also kurz vor Ausbruch des Dreißigjährigen Krieges, wollte man die Fluchtlinie des Friedrichsbaues am Frauenzimmerbau vorbei und über das Faßgebäude hinüber durchführen, wahrscheinlich um eine einheitlichere Wirkung in der Ansicht des Schlosses nach Norden zu erzielen. Da die Vorderseite des Erkers ungefähr in dieser Linie lag, war es nur notwendig, eine östlich anschließende Zwischenmauer aufzuführen und durch den oberen Teil des Faßgebäudes einen kräftigen Tragebogen zu spannen, auf dem der westliche obere Teil der neuen Fassade aufruhte. Im Innern entstand östlich des ehemaligen Erkers ein neuer kleiner Raum, den man durch eine schmale Öffnung mit jenem verband und mit einer Wendeltreppe versah. Diese führte hinunter bis an den Fuß des Gebäudes, während eine ältere, danebenliegende kurze Wendelstiege den Zugang zu der nördlichen Empore der Kapelle im Friedrichsbau vermittelt. Später wurde vom Saale aus ein zweiter direkter Zugang zum Friedrichsbau, und zwar zur Südempore der Kapelle, geschaffen.

Der Königssaal wurde 1934 (400 Jahre nach seiner Einweihung) unter Beibehaltung der alten Formen von Grund aus erneuert und ist heute wieder der prachtvolle Saal, der zu festlichen Empfängen, Kongressen, Konzerten, Theateraufführungen und anderen Veranstaltungen benutzt wird.

Über die Art und Einteilung der ehemaligen beiden Obergeschosse sind wir nicht näher unterrichtet. Wir wissen nur, daß im 17. Jahrhundert hier oben die Frauen des Hofstaates — die „Hof-Frauenzimmer" — wohnten, und hören fortwährend von Klagen über die Baufälligkeit und von kostspieligen Ausbesserungen. Die fehlende direkte Unterstützung der Zwischenwände von unten aus läßt die Mangelhaftigkeit des Oberbaues leicht begreifen.

Kaum lohnt es, hinauszutreten und den Bau von außen zu betrachten. Einer Scheune ähnlich steht der einst so stolze Palast vor uns, vom mächtigen Dach fast erdrückt und wie in Staub gesunken vor der Majestät seines östlichen Nachbarn, von dem er für kurze Zeit den äußeren prächtigen Schein geborgt hatte. Das an der Ostfront oberhalb des ersten Fensters und an der Stelle des früheren östlichen Erkers angebrachte kurpfälzische Wappenschild ist erst nachträglich von anderer Stelle hierher übertragen worden, aber bereits auf den von mir aufgefundenen Thumschen Zeichnungen von 1751 erkennbar („Thesaurus Palatinus", München).

Um in den unter dem Königssaal sich hinziehenden Keller zu gelangen, gehen wir die Rampe an der Front des Friedrichsbaues hinab. Links steigt die Mauer der Terrasse empor, die den ebenerdigen Zugang zum Frauenzimmerbau vermittelt und zwei dunkle, gewölbte Vorratsräume enthält. Ein weiter zweischiffiger Raum mit zehn auf vier mächtigen Wand- und Mittelpfeilern ruhenden Kreuzgewölben empfängt uns. Die alten Fensterlöcher sind zum größten Teil vermauert, ein hoher Sockel läuft an den Wänden ringsum. Einst war hier die kurfürstliche Hofkellerei, und in stattlicher Reihe nebeneinander lagerten die Gebinde mit dem köstlichen Naß. Anm. 10 siehe S. 98

Ludwigsbau

Wie der Name andeutet, verdankt auch dieser in der Mitte der Ostseite des Schloßhofes liegende Bau dem großen Schloßbauherrn Ludwig V. seine Entstehung. Die eingemeißelte Jahreszahl 1524 bezeichnet wohl das Vollendungsjahr des Bauwerkes, das in seiner Einfachheit den auf das Notwendige und Praktische gerichteten Sinn jenes Fürsten widerspiegelt.

Die Untersuchungen des Schloßbaubüros haben erwiesen, daß Ludwig V. an dieser Stelle bereits ein älteres, an die innere Burgmauer angelehntes Gebäude vorfand, von dem die Ostwand, Südwand und ein Teil der Westwand bis zu einer gewissen Höhe benutzt wurden. Als Reste der älteren Anlage sind danach auch die Buckelquadern an der südwestlichen Ecke zu betrachten und die Mauern des Kellers, dessen ehemalige flache Decke durch Gewölbe ersetzt wurde.

Karl Schäfer nimmt an, daß die südliche Mauer mit den Buckelquadern an der vorderen Ecke noch ein Rest von der Burg Ludwigs I. sei, also etwa gleichzeitig mit den alten Fenstern des Gläsernen Saalbaues aus dem Anfang des 13. Jahrhunderts stamme. Er beruft sich dabei weniger auf die Buckelquadern, deren Datierung er selbst als „eine heikle Sache" bezeichnet, als vielmehr auf die zwei kleinen spitzbogigen Fenster, die oben in dieser Mauer sitzen. Der altertümliche, gotische Charakter dieser Fenster ist zweifellos, sie können aber ebenso gut aus dem Ende des 13. Jahrhunderts stammen, als die untere Burg entstanden ist. Zur Zeit Ludwigs I. hat auf dem Jettenbühl eine Burganlage noch nicht bestanden. Anm. 11 siehe S. 98

Der Neubau war unter Ludwig V. dreigeschossig. Das jetzige oberste Geschoß und der entsprechende Teil des Treppenturms rühren von einem unter Karl Ludwig vorgenommenen Umbau her, der sich auch auf die Fensteranlage des darunter liegenden Stockwerks erstreckt hat. Nur die zweigeteilten gotischen Fenstergewände im Keller und Erdgeschoß sind die ursprünglichen; ein Teil derselben steckt aber auch noch in der Wand des mittleren Geschosses neben den neueingesetzten Gewänden aus Karl Ludwigs Zeit.

Die Darstellung des Ludwigsbaues auf der Krausschen Ansicht stimmt nicht ganz, da dort das oberste Geschoß mit geteilten Bogenfenstern versehen dargestellt ist, während in Wirklichkeit geradlinig geschlossene Fenster vorhanden sind. Zur Annahme eines abermaligen späteren Umbaues dieses Teiles liegt keine Veranlassung vor.

Der Ludwigsbau wurde nach dem Orléansschen Kriege notdürftig wieder instand gesetzt, teilte dann durch den Brand von 1764 das Schicksal der übrigen Wohnbauten.

Der Grundriß, wie er jetzt vorhanden ist, zeigt im Keller — der übrigens wie beim Ottheinrichsbau infolge der Geländeverhältnisse mehr über als unter der Erde liegt — drei fast gleich breite Räume, die durch Türen in den von Osten nach Westen laufenden Zwischenwänden miteinander in Verbindung stehen. Von dem in der Achse des Treppenturms gelegenen Kellerraum aus ist der Zugang zum untersten Geschoß des Apothekerturms. Aus dem südlichen Kellerraum führen einige Stufen in einen Hof, an den sich ein zweiter kleiner südlicher Hof anschloß. In den beiden obersten Stockwerken stellten Türen die Verbindung mit dem Ottheinrichsbau her.

Das Erdgeschoß enthält einen vom Treppenturm aus zugänglichen Vorraum und südlich davon einen dreifenstrigen größeren Raum, der in derselben Weise auch in den übrigen Stockwerken vorhanden gewesen zu sein scheint.

Die Fassade bietet nichts sonderlich Bemerkenswertes. Nur die Eingangstür zum achteckigen Treppenturm und das darüber angebrachte, ursprünglich bemalte Wappen vermögen unser Auge zu fesseln. Die Tür zeigt in der spitzbogig geschlossenen Umrahmung zwischen zwei Kehlen einen kräftigen Rundstab, der, in der Weise der Spätgotik als Rundholz behandelt, im Scheitel mit den Enden übereinander weggreift und unten in einem ausgekerbten Sockel endigt. In derselben, für sämtliche Bauten Ludwigs V. charakteristischen Weise ist oben die rechteckige Umrahmung des Wappens profiliert. Oberhalb des die Helmzier bildenden pfälzischen Löwen lesen wir die Zahl 1524, und an der unteren Schräge sehen wir zwei Affen, welche die Köpfe durch eine Schleife gesteckt haben und sich mit Gewalt von beiden Seiten gegeneinanderstemmen, eine an die mittelalterliche Vorliebe für dieses „Strangkatzenziehen" erinnernde Spielerei ohne tieferen Hintergedanken. Vielleicht ist dieser Baumeisterscherz eine Anspielung auf die Kraftproben für die Edelknaben, die im 16. Jahrhundert im obersten Geschoß des Ludwigsbaues gewohnt haben sollen. Der Treppenturm ist in der Höhe der betreffenden Stockwerke mit Gurtgesimsen gegliedert und an den Ecken mit Quadern verkleidet. Die Fenster folgen, wie gewöhnlich, der Steigung der Treppe.

Es ist erwiesen, daß der Ludwigsbau ursprünglich nach Norden eine größere Ausdehnung hatte, so daß dessen Treppenturm nicht in der Ecke, sondern etwa in der Mitte der Front stand. Der schmale Hof, der somit vor der Südfront des Saalbaues blieb und sich in der Tiefe bis an die ehemalige innere Umfassungsmauer erstreckte, mag teilweise sogar durch Baulichkeiten eingenommen gewesen sein, die später gleichfalls dem Ottheinrichsbau zum Opfer gefallen sein werden.

Nach Süden zu schloß sich an den Ludwigsbau ein kleiner Hof an, in den die Fenster der Giebelwand hineinsahen. Jenseits des Hofes erhob sich im Süden die Nordwand der Herrenküche, und den östlichen Abschluß bildete die alte innere Zwingmauer. Karl Ludwig ließ in diesem Hof ein zweistöckiges Gebäude aufführen und wahrscheinlich im Zusammenhang damit die Vergrößerung der Vorderfenster des Ludwigsbaues, als Ersatz für den Wegfall des Lichtes von der Giebelseite her, vornehmen. An der

Vorderseite zeigt der Kraussche Stich einen niedrigen Vorbau mit Pultdach. Welchen besonderen Zwecken dieser eingeschobene Bau gedient haben mag, ist unsicher.

Durch zwei nachträglich in die alte innere Zwingermauer eingebrochene Öffnungen gelangen wir aus jenem Hof in den östlich dahinter liegenden Bauteil, die Ritterküche. Auch hier handelt es sich um eine jüngere Anlage, aber aus der Zeit vor dem Dreißigjährigen Kriege, als man begann, die noch verwendbaren Stellen innerhalb des Schloßbezirks für die gesteigerten Bedürfnisse des Hofhaltes in Anspruch zu nehmen. So wurde denn nach und nach der ganze vom Ottheinrichsbau bis zum Gesprengten Turm sich erstreckende südliche Teil des Ostzwingers (mit Ausnahme eines kleinen Hofes am Apothekerturm und eines schmalen Raumes südlich der Ritterküche) zu Nutzbauten in Verwendung genommen, die heute sämtlich in Trümmern liegen und nur von geringer baulicher Bedeutung sind.

Das Hauptinteresse nimmt die genannte Küche in Anspruch, ein weiter, hoher Raum, der ursprünglich nach Süden und Norden frei im Zwinger lag und erst später den nördlichen Anbau erhielt. Noch ist die alte Decke vorhanden: ein mächtiges Tonnengewölbe, aus dem die weite Öffnung des Rauchabzuges mit dem darauf sitzenden Schlot und dem hohen Schornsteine in kühner Weise herausgeschnitten erscheint. Am Boden sehen wir Reste vom Unterbau des ehemaligen Hauptherdes.

Südlich der Ritterküche liegen kleinere Nutzbauten, deren Bestimmung im einzelnen schwer nachzuweisen sein dürfte. Ihre stückweise Entstehung verrät schon die Verschiedenartigkeit der ehemaligen Bedachungen, wie solche schon auf dem Merianschen Stiche erscheinen; ihre Ostfront setzt durchweg auf der alten Schloßmauer auf. Das in der Ecke links vor dem Gesprengten Turm gelegene „kleine Ökonomiegebäude" war durch Karl Philipp 1718 wieder aufgebaut worden, mußte aber 1817 wegen Baufälligkeit in den oberen Teilen wieder abgebrochen werden (Metzger).

Wirtschaftsgebäude

Die in der südöstlichen Ecke des Schloßvierecks liegenden Wirtschaftsgebäude bieten baugeschichtlich wenig Interesse. Die Entstehungszeit ist zwar nicht inschriftlich oder durch ältere Nachrichten erwiesen, aus der Technik, den Architekturformen und Steinmetzzeichen ergibt sich aber mit großer Wahrscheinlichkeit Ludwig V. als Erbauer. Die Anlage besteht ursprünglich aus zwei Teilen: dem östlichen, der sich an die ehemalige östliche innere Zwingermauer anlehnt und bis zum Gesprengten Turm erstreckt (er enthält die Herrenküche und eine kleinere Küchenanlage), sowie dem im rechten Winkel dazu sich nach Westen, an der ehemaligen Zwingermauer bis zum Soldatenbau entlangziehenden Teil.

Das von Karl Philipp über dem südlichen Flügel neu errichtete Dach greift über den anstoßenden Teil des östlichen Flügels hinüber, so daß nur die ehemalige Herrenküche unter freiem Himmel in dem Zustande liegt, in dem der Orléanssche Krieg auch diesen Teil des Schlosses versetzt hat. Wir betreten diese zweite Hauptküche durch das Tor neben dem ehemaligen großen Bogen, mit dem sie sich nach dem Hof zu öffnete. Zwei der schräg von Mitte zu Mitte gespannten Hausteinbogen, welche die Decke trugen, aus deren Mitte sich auch hier ein großer Schlot erhoben haben wird, wölben sich über dem öden Raum.

Im südlichen Flügel führten größere und kleinere Türen von der davorliegenden Terrasse des Hofes aus direkt in die einzelnen Räume, deren ehemalige Bestimmung als „Metzelhaus“ und „Backhaus“ sich aus den Resten der erhaltenen Gebrauchsvorrichtungen nachweisen läßt. Der stumpfe Anschluß der Zwischenmauer an die südliche Zwingermauer kennzeichnet auch hier die spätere Entstehung des Bauwerks. Rechts neben der zum Metzelhause führenden großen Spitzbogentür befindet sich der Aufgang zu den oberen Geschossen. Die Gebäude sind zu Wohnungen für Schloßbeamte umgebaut worden.

Anm. 12 siehe S. 98

Vom obersten Stockwerk dieser Wirtschaftsgebäude aus gelangen wir mittels eines Laufsteges über den Südzwinger hinweg auf die Höhe des ehemaligen Südwalles. Hier lief ursprünglich nur eine schwache Schildmauer entlang, die Ludwig V. erst auf die jetzigen gewaltigen Abmessungen (von 1 m auf etwa 7 m) verstärkte. Wie alle Befestigungsbauten dieses Kurfürsten, so imponiert auch dieses senkrecht aus der Grabensohle über 20 m hoch aufsteigende großartige Bauwerk durch seine gewaltigen Massen und die Solidität der Ausführung. Obenauf, wo jetzt ein stimmungsvoller kleiner Garten liegt, lief vorn ein bedeckter Wehrgang mit steinerner Brustwehr entlang, der eine größere Anzahl Stücke zur Bestreichung des Berghanges aufnehmen konnte und mit dem Torturm in direkter Verbindung stand. Nach Osten zu scheint eine ähnliche Verbindung mit dem Gesprengten Turm bestanden zu haben.

In der Ecke der Rampenmauer, die den höhergelegenen Teil des Schloßhofes abgrenzt, liegt der große Schloßbrunnen, der zu Beginn des 17. Jahrhunderts errichtet und später umgebaut wurde. Die Wasserzuführung erfolgte einst von den oberen Abhängen des Königstuhls her unter dem Gesprengten Turm hindurch in den Schloßhof (Metzger). Oben auf der Mauer stand ein in den Ruinen der Michaelskirche auf dem Heiligenberge gefundener römischer Viergötteraltar; am nördlichen Ende war ebenfalls ein Votivstein mit einer Statuette des Merkur in einer Nische angebracht. Beide Altertümer kamen bei der Verlegung der Residenz mit nach Mannheim. Ein zweiter älterer Brunnen stand vor dem Bibliotheksbau, wie aus dem Stich von Kraus zu ersehen ist. Der heutige kleine Brunnen an der Nordseite des Ruprechtsbaues wurde 1873 gebaut.

Gläserner Saalbau

Dieser Bau Friedrichs II. steht zum größten Teil auf einer älteren Bauanlage, die aber nicht bis an die jetzige Ostfront des Schlosses, die ehemalige äußere Befestigungsmauer, heranreichte. Wir sehen die alten Grundmauern noch, wenn wir von dem breiten Durchgange aus, der den Hauptzugang zum Zeughause bildete, rechts in den großen Kellerraum treten. Die beiden Längsmauern, auf denen das flache Kellergewölbe ruht, sind als Reste dieses älteren Baues zu betrachten.

Über dem Kellergeschoß erheben sich vier jetzt völlig ausgebrannte Geschosse von ursprünglich ziemlich gleicher Höhe. Das unterste, das im Niveau des Hofes liegt und durch eine in der Ecke neben dem Vorbau gelegene Tür zugänglich ist, war überwölbt und enthält in seiner Nordwand noch Überreste des alten Jettaheiligtums. Holzdecken trennten die übrigen Stockwerke. Da die Nordwand des Hauptfestsaales im obersten Geschoß, der bis an die Ostwand durchging, mit venezianischem Spiegelglas bekleidet war (für die damalige Zeit ein unerhörter Luxus!), hat der Bau den Namen „Gläserner Saalbau" erhalten; er hieß 1573 „Gespiegelter Saal", später auch „Neuer Saal". Leodius erzählt, daß Friedrich II. ursprünglich die Absicht gehabt habe, die Bibliothek in den Neubau zu verlegen, daß aber die dafür vorgesehenen Räume dem Rechnungshof überwiesen worden seien. Wahrscheinlich handelte es sich dabei nicht um die Verwendung des obersten Stockwerks, sondern um eines der darunterliegenden, die leichter zugänglich waren. Der Gläserne Saal war offenbar stets der Festraum des Hauses; darauf deutet auch die Anbringung des zierlichen Erkers an der Ostseite hin, der frei über das Friesental blickt. Er war nur vom Treppenturm aus zugänglich und stand in direktem Zusammenhang mit dem entsprechenden Obergeschoß des Glockenturms, ähnlich wie das betreffende Geschoß des Englischen Baues mit dem Saal im anstoßenden Dicken Turm.

Eingreifende bauliche Veränderungen erfolgten unter Karl Ludwig. Er ließ das in den Katastrophen des Dreißigjährigen Krieges verwüstete Innere völlig neu ausbauen, dann zunächst das Dach und damit das oberste Geschoß erhöhen, aber auch die Höhe des dritten Stockwerks auf Kosten des darunterliegenden erheblich vergrößern und in den oberen Geschossen nach Norden zu durchweg neue rundbogige Fenster anbringen. Als eine Folge der Veränderung der mittleren Stockwerkshöhen ergab sich die Notwendigkeit einer gänzlichen Umarbeitung der Treppenanlage, da der Austritt in den Stockwerken nicht mehr stimmte und die Höhenlagen der Stufen entsprechend geändert werden mußten. Nach Vollendung des Umbaues ließ der Kurfürst das erhöhte Mittelgeschoß zur eigenen Wohnung einrichten und mit dem anstoßenden Hauptsaal des Ottheinrichsbaues mittels einiger Treppenstufen in Verbindung bringen.

Der Gläserne Saalbau wurde im Orléansschen Kriege nochmals zerstört, gehörte dann zu den ersten Bauten, die Johann Wilhelm notdürftig wiederherstellen ließ. Am 24. Juni 1764 schlug der Blitz zweimal hintereinander ein, und der Bau brannte bis auf die Kellergewölbe völlig aus.

Vom Hof aus ist nur ein Teil der Vorderseite zu sehen; die ganze östlich vom Treppenturm sich erstreckende Flucht wird durch den Ottheinrichsbau verdeckt, der sich bald darauf zwischen die Pfalzen Ludwigs V. und Friedrichs II. eingedrängt hat. Hieraus wird die verschiedenartige Behandlung der Südfront des Saalbaues erklärlich. Der vom Hof aus auch damals nicht sichtbare Teil wurde schmucklos aufgeführt und nur das Erdgeschoß durch zwei derbe Bogenstellungen gegliedert, deren vermauerte Öffnungen vom Keller des Ottheinrichsbaues aus noch zu erkennen sind. Möglich auch, daß Friedrich II. die Errichtung eines Bauwerkes zur Verbindung zwischen Ludwigs- und Gläsernem Saalbau selbst von vornherein ins Auge gefaßt hatte.

Der Gang, der vor den Wohnräumen in allen Stockwerken an der ganzen Südfront entlanglief, ist in dem östlichen, an den Ottheinrichsbau anstoßenden Teil nur noch im Keller- und Hauptgeschoß vorhanden, öffnet sich aber nach dem Hof zu bis obenhinauf zu jenen malerischen Arkaden, die dieser Ecke des Schlosses einen ganz eigenartigen Reiz verleihen. Die mehrgeschossigen Bogenstellungen fallen so sehr aus dem Rahmen der übrigen Bauten heraus, sind so eigentümlich wirkungsvoll, daß sich gerade nach diesem Punkte immer wieder die Augen hingezogen fühlen. Die links vom vorspringenden Seitenbau, rechts vom Treppenturm begrenzten Arkaden sind unten zweiteilig mit flachen Segmentbogen, in den beiden Stockwerken darüber vierteilig mit Halbkreisbogen versehen und oben durch ein modernes Pultdach abgeschlossen, das sich an die noch höher darüber emporsteigende ehemalige Gangmauer lehnt. Auf dem Krausschen Stich ist hier oben noch eine vierte in Holz hergestellte Galerie zu erkennen. Diese ist erst unter Karl Ludwig ausgeführt, als er die Erhöhung des obersten Geschosses des Gläsernen Saalbaues vornahm, um dessen First mit dem des Friedrichsbaues in gleiche Höhe zu bringen.

Mit Friedrich II., dem weitgereisten Fürsten, ist die Renaissance in das Heidelberger Schloß eingezogen. An der Fassade des Saalbaues gelangte jetzt die „antikische" Art zum erstenmal in großem Stil zur Verwendung, und zwar mit allen Vorzügen und Fehlern, die einer Übergangsperiode eigen sind. Der deutschen Baukunst des Mittelalters war das Motiv des Bogenganges, der Laube, im Erdgeschoß nichts Fremdes, neu dagegen war die Übereinanderstellung derartiger Lauben in der Art, wie sie die Renaissance in Italien, besonders für die Hofarchitektur, in so wirksamer Weise ausgebildet hatte. Friedrichs junger Neffe Ottheinrich hatte schon 1527 sein Stammschloß zu Neuburg an der Donau mit solchen Arkaden geschmückt; erst 1549 folgte ihm Friedrich II., und nun entsteht eine Reihe ähnlicher Anlagen in süddeutschen Schlössern.

Der Eindruck dieser Bogenreihen im Gläsernen Saalbau ist — im Gegensatz zu den Arkaden in italienischen Palasthöfen — ein eigentümlich ernster und schwerfälliger, offenbar veranlaßt durch die Niedrigkeit der Geschosse, denen die Verhältnisse der Säulen und Bogen sich anpassen mußten, und noch gesteigert durch die derbe und massige Formgebung der Stützen. Im Erdgeschoß, wo eine Vierteilung im Interesse des Verkehrs nicht angebracht erschien, stützen sich die flachen Segmentbogen auf eine stämmige, kannelierte Säule, die auf einen hohen Sockel gestellt ist und deshalb nur eine Höhe von etwa zwei mittleren Durchmessern erhalten konnte. Ebenso sind in den beiden oberen viergeteilten Geschossen die Säulen dadurch zu ähnlich kurzen Verhältnissen gekommen, daß man sie statt auf den Boden auf die Brüstung gestellt hat. Die Arkaden des Gläsernen Saalbaues wirken durchaus nicht „antikisch“, sondern eher romanisch, obwohl die Details an Basen und Kapitellen guten Renaissancemustern entnommen sind, so besonders das schöne korinthische Kapitell der Säule im Erdgeschoß.

Als einzige plastische Zutaten erscheinen die drei von Lorbeerkränzen umrahmten und ehemals vergoldeten Wappen. In der Mitte das kurpfälzische, das im Kurschild außer dem Orden des Goldenen Vlieses zum erstenmal den von Kaiser Karl V. bei der Thronbesteigung Friedrichs diesem verliehenen Reichsapfel zeigt, mit der Zahl 1549, dem Jahr der Erbauung des Gläsernen Saalbaues, und mit den Anfangsbuchstaben des kurfürstlichen Wahlspruchs „De Caelo Victoria“ auf dem Spruchband. Links davon, eigentümlich in einen Halbkreis eingezwängt, das Wappen Friedrichs mit den Initialen F. P. C. („Fridericus Princeps Comes“ oder „Friedrich Pfalzgraf Churfürst“) und dem Monogramm CF auf dem Bande des Kranzes. Rechts das Wappen der „drei Königreiche starken“ Gemahlin des Erbauers, die als Prinzessin von Dänemark die Wappen von Dänemark, Norwegen und Schweden führte. Die Buchstaben D. G. K. Z. D. darunter werden gewöhnlich als „Dorothea Geborene Königin Zu Dänemark“ gelesen. Erwähnt sei noch die schöne Tür, die in das Erdgeschoß führt. Sie zeigt zwischen zwei flankierenden, am Kämpfer geteilten Pilastern eine rundbogige Öffnung mit leider sehr verwitterten Porträtmedaillons in den Zwickeln und mit einem steilen Giebel als Abschluß eines wulstigen Zwischengliedes. Auch im Giebeldreieck ein Medaillon mit geschwungener Umrahmung.

Sahen wir an den Arkaden den neuen Stil in aller Unbeholfenheit, aber in verhältnismäßiger Reinheit mit den gegebenen ungünstigen Verhältnissen ringen, so erscheinen am vorspringenden Torbau gotische und antikische Formen in offenem Kampf. Gotisch sind die Umrahmungen der dreiteiligen Fenster und besonders der steile Treppengiebel, während das oberste Fenster und die Verzierungen der Giebelstaffeln im Renaissancestil gehalten sind. Wegen der großen Entfernung kommen sie freilich nicht gebührend zur Erscheinung, jene lieblichen, auf Delphinen reitenden Putten und die geflügelten Sirenen, die dort oben ihr Wesen treiben. In Erfindung und Ausführung gehören sie zu dem Besten, was in dieser Art am Schloß geleistet ist. Das Mißverhältnis zwischen dem reich ausgestatteten Giebel und der ungegliederten Wandfläche war einst durch Malerei gemildert.

Da das Innere des Gläsernen Saalbaues vollständig ausgebrannt ist, hat man innen an der Ostfront entlang zur Verbindung mit dem Glockenturm eine schmale Laufbrücke angelegt, von der aus wir den einst so stolzen Bau Friedrichs II. in seiner ganzen Ausdehnung vor uns sehen. Wir erkennen an den des Putzes beraubten Wänden nicht nur die ehemalige Einteilung der Stockwerke, ihre Verbindungen mit den

anstoßenden Bauten und die Anlage der Türen, Fenster und Kamine, wir können auch die unter Karl Ludwig vorgenommenen Änderungen deutlich verfolgen.
An der westlichen Giebelwand des Gläsernen Saalbaues tritt die vermauerte spätromanische oder frühgotische Fenstergruppe zutage, die gelegentlich der Wiederherstellungsarbeiten am Friedrichsbau aufgedeckt wurde und für die Baugeschichte des Schlosses von so großer Wichtigkeit geworden ist. Ihre Entstehung fällt der ganzen Formgebung nach spätestens in das zweite Dezennium des 13. Jahrhunderts, also in den Anfang der Regierung Ludwigs I. Die Ergänzung der Fensteranlage bot nach den vorhandenen Resten keine Rätsel und Schwierigkeiten. Ihren Zweck hatten diese Fenster verloren, seit an der Stelle der ursprünglich niedrigen Kapelle ein höherer Bau im Westen angelehnt wurde, der der Giebelseite des Palas auch in den oberen Teilen Luft und Licht nahm. Zu beachten ist die Basis an der rechten Säule, welche die ungewöhnliche Form eines umgekehrten romanischen Würfelkapitells hat. Da die andere Säule statt dessen einen unverzierten Würfel zeigt, liegt die Annahme nahe, daß das Fenster in seiner jetzigen Erscheinung von einem Umbau herrührt, der später hier an der Stelle des alten Jettaheiligtums vorgenommen worden ist und bei dem diese alten Teile wieder verwendet und unverstanden wieder angebracht und ergänzt worden sind. Dieser Umbau würde mit der Errichtung der „unteren Burg" auf dem Jettenbühl vor 1303 zusammenfallen. Von einer zweiten ebensolchen Fenstergruppe sind in derselben Wand Spuren gefunden worden.

Wiederhergestelltes altes Fenster in der westlichen Giebelwand des Gläsernen Saalbaues

Um die oberen Teile des Gläsernen Saalbaues besser betrachten zu können, steigen wir bis ins dritte Stockwerk des Glockenturms, von wo aus ein Verbindungsgang, teilweise im Freien, um den Turm herum in den ehemaligen Gläsernen Saal führt. Auch hier ermöglicht eine Laufbrücke den Eintritt ins Innere und in den reizenden

Erker, der in einsamer Höhe aus der Ostfront hervorspringt. Die Formen dieses dreiseitigen Erkers sind einfacher als die des Erkers am Bibliotheksbau (Pfosten und Maßwerk fehlen), aber gleichfalls noch gotisch. Man hatte eben damals bei uns noch keine neue Formgebung für diese echt mittelalterlichen Erkeranlagen gefunden und begnügte sich im vorliegenden Fall damit, Einzelheiten — wie die reizenden kleinen Konsolen, auf denen die Rippen des Sterngewölbes aufruhen — dem neuen Stil entsprechend zu gestalten. Diese zeigen nämlich oberhalb eines bärtigen Faunkopfes ein jonisierendes Kapitell mit verziertem Hals und sind sowohl in der Erfindung als auch in der Ausführung von hoher Schönheit. Nicht minder gelungen ist die große Rosette am Schlußstein, gegen welche die schlanken sieben Rippen anlaufen. Von der Brücke aus sind auch jene eigentümlichen Schlitze in der nördlichen Wand des darunterliegenden Stockwerks sichtbar, die das Rahmenwerk für die Anbringung der Spiegelscheiben wohl enthalten haben. Die große Tür links vorn in der Südwand verband den Gläsernen Saal mit dem Speisesaal im zweiten Obergeschoß des Ottheinrichsbaues; geradeaus in der Schmalwand werden die ehemals nach dem Friedrichsbau führenden Türen sichtbar.

Im Hinblick auf das Monogramm CF und die Jahreszahl 1549 auf dem Wappen Friedrichs II. scheint Peter Flötner, den Albrecht Haupt für den Schöpfer des Gläsernen Saalbaues ansieht, der aber schon 1545 gestorben ist, als Erbauer nicht in Frage zu kommen. Vielleicht, daß der von Theodor Alt vorgeschlagene Bildhauer Conrad Forster, den Hans Rott in den Akten des Karlsruher Generallandesarchivs entdeckte, den Bau errichtet hat; vielleicht auch Peter Flötners Sohn, Caspar Flötner. Für beide würde wenigstens das Monogramm stimmen.

Ottheinrichsbau

Mit der Thronbesteigung Ottheinrichs (1556) hatte eine neue Ära für die pfälzischen Lande, besonders für Heidelberg, begonnen. Auch im Schloß bedeutet die Tätigkeit dieses Fürsten einen Wendepunkt. Die Gotik erscheint völlig abgetan, die Renaissance hält mit klingendem Spiel und fliegenden Fahnen Einzug auf dem alten Jettenbühl. Nicht mehr schüchtern tastend, unbeholfen und unselbständig, sondern als Herrin tritt sie auf. Wann der Kurfürst, der schon in Neuburg bedeutsame Proben seiner Baulust und seines Kunstsinnes gegeben hatte, den neuen Palast begonnen, ist nicht mit Sicherheit festzustellen. Wahrscheinlich erfolgte die Grundsteinlegung schon 1556; beim Tode Ottheinrichs (12. Februar 1559) war der Bau nachweislich noch nicht vollendet.

Als Friedrich II. starb, hatte sich der Ring der Schloßbauten schon so ziemlich geschlossen. Außer dem kleinen Hof südlich vom Ludwigsbau befand sich nur noch nördlich zwischen diesem und dem Gläsernen Saalbau jene bereits erwähnte freie Stelle, die möglicherweise vorn durch einen Verbindungsbau geschlossen war, ohne daß dadurch der Südseite des Gläsernen Saalbaues der Zutritt von Luft und Licht versperrt wurde. Natürlich war dieser Zwischenraum viel zu klein für einen Neubau. Daß der Ludwigsbau einst bis zur Freitreppe des Ottheinrichsbaues gereicht hat, erkennen wir an der noch vorhandenen Außenmauer des Kellergeschosses, deren Bruchstein-Mauerwerk in auffälligem Gegensatz zu dem links von der Freitreppe befindlichen Quaderwerk des Kellergeschosses des Ottheinrichsbaues besteht, während es mit dem des Ludwigsbaues vollkommen übereinstimmt und Fenster enthält, deren Gewändeprofile genau denen des Ludwigsbaues entsprechen. Um den erforderlichen Platz zu erhalten, wurden die über jenem Kellergeschoß befindlichen oberen Stockwerke des Ludwigsbaues bis zum Treppenturm niedergerissen und ebenso die ehemalige innere Zingel, die ein Hinübergreifen über den Ostzwinger bis zur äußeren Wehrmauer verhinderte. Dadurch entstand ein Bauplatz von über 60 m Front und einer Tiefe, wie sie von keinem anderen Schloßbau auch nur annähernd erreicht wird. Als rechten Eindringling charakterisiert den Ottheinrichsbau auch das Fehlen einer eigenen Treppenanlage. Die beiden Türme der älteren Bauten, die seine Fassade wirkungsvoll flankieren, mußten auch zur Verbindung der Stockwerke im neuen Bau dienen, wie ja auch später der Bau Friedrichs IV. auf die Wendeltreppen der anstoßenden Bauten angewiesen war.

Betrachten wir zunächst die Fassade des Palastes. Der Sockel ist ungegliedert und in der höheren nördlichen Hälfte aus Quadern mit Randschlag, in der südlichen, die einen Überrest des Ludwigsbaues bildet, aus gewöhnlichen Bruchsteinen hergestellt. Vorgebaut — etwas ganz Unitalienisches — ist eine zweiarmige, im 17. Jahrhundert erneuerte und dabei etwas nach Norden verschobene Freitreppe, deren Plattform die Breite des Hauptportals einnimmt. Erst von hier ab beginnt die architektonische Gliederung. Zunächst steigen in der Flucht des Unterbaues — je unter einer Pfeilervorlage oder einer Nische — niedrige Sockel bis zum Brüstungsgesims empor, zwischen denen mit Diamantquadern versehene Füllungsplatten, etwas zurückstehend, als Brüstung unter den Fenstern eingefügt sind. Darüber folgt in drei ungleich hohen Geschossen die klar übersichtliche Felderteilung mittels jonischen und korinthischen Pilastern und Halbsäulen in vertikalem, mittels unverkröpft durchgehender Gebälke in horizontalem Sinne. Jedes der 14 Felder (das 15. wird vom Hauptportal eingenommen) enthält ein Fensterpaar mit einer Figurennische zwischen den Fenstern, oberhalb derer eine schwach ausladende Konsole als mittlere Gebälkstütze angebracht ist. Alle 28 Fenster sind durch je einen Mittelpfosten mit abwechselnd männlichen und weiblichen Hermen geteilt.

Die aus grauem Keuper gefertigten 16 Standbilder, die außer den vier Portalfiguren den Bau schmücken und sich vom rötlichen Sandstein wirkungsvoll abheben, sind in der Hauptsache dekorativ aufzufassen. Es sind allegorische Darstellungen und Gestalten aus dem Alten Testament und der Götterwelt (daher noch am Ende des 18. Jahrhunderts der Name „der heidnische Bau").

23. Türrahmung und „David“ vom Ottheinrichsbau von Alexander Colin.

24. und 25. Reliefs aus dem Portalschmuck des Ottheinrichsbaus von Alexander Colin.

26. „Caritas“, Portal-Bekrönung des Ottheinrichsbaus, von Alexander Colin.

27. Kurfürst Friedrich V. von Sebastian Götz (Südseite des Dicken Turms).

Wir sehen — von oben nach unten betrachtet — vor uns:

	Sol als Imperator im Strahlenkranz		Jupiter mit dem Blitz in der Rechten und dem Adler zu seinen Füßen	
Saturn sein Kind fressend	Mars in kriegerischem Schmuck	Venus mit Amor	Merkur mit Flügelhelm und Flügelstab	Diana (Luna) mit der Mondsichel
Stärke mit der zerbrochenen Säule	Glaube mit der Bibel	Liebe mit zwei Kindern	Hoffnung mit dem Anker	Gerechtigkeit mit Schwert und Waage
Josua mit dem Helm	Simson mit dem Eselskinnbacken		Herkules mit der Keule	David mit dem Schwert, der Schleuder und dem Kopf Goliaths

Die vier Standbilder des Erdgeschosses werden durch die Konsoleninschriften, unbeholfene Verse in gotischen Buchstaben, erklärt:

Der hertzog Josua / durch Gotteß macht
Ein und dreissig kü / nig hat umbracht.

Samson der starck ein / Nasir* Gotteß war
Beschirmet Israhel / wol zwentzig Jar.

Jovиß sun Herculeß / bin Ich genandt.
Durch mein herliche / thaten wol bekandt.

David war ein Jüng / ling gehertzt und klug
Dem frechen Goliath / den kopff abschlug.

So gut gemeint, aber schlecht gelungen wie diese Verse, sind zum Teil auch die Bildwerke. Geht man auf Einzelheiten ein, so wird man neben manchem besser Gelungenen auch Flüchtigkeiten, Unschönheiten und Nachlässigkeiten entdecken, die den Kunstwert schwächen. In dem müde auf die Keule gelehnten wohlproportionierten Mann mit dem zartgekräuselten Bart und sanften Augenaufschlag ist ebenso wenig von dem starken Jovissohn etwas zu spüren wie bei der untersetzten und kurzbeinigen ersten Figur vom Helden Israels, trotz des mächtigen Helmes auf seinem Haupt. Die Figur des David ist nicht minder verhauen.

Bei den Statuen der mittleren Reihe fehlen die Unterschriften, doch lassen die angebrachten Attribute leicht erkennen, daß es sich hier um Darstellungen christlicher und weltlicher Tugenden handelt. Auch hier mancherlei Manier und Flüchtigkeit, aber im ganzen doch mehr Kunstfertigkeit als in der unteren Reihe. Die fünf Figuren des obersten Geschosses sind im Zusammenhang mit den beiden einsam in die luftige Höhe ragenden Figuren der ehemaligen Giebelhäuser zu betrachten. Wir haben die

* Geweihter

sieben Gestirne vor uns, nach denen von alters her die Tage der Woche benannt worden sind: Sonne, Mond und die fünf den Alten bekannten großen Planeten, die den Bau dem Schutz der himmlischen Mächte empfehlen sollen.

Über den Sinn dieser Bilderfolge ist mancherlei gegrübelt worden. Am bekanntesten ist die sinnreiche Deutung des ehemaligen Heidelberger Archäologen K. B. Stark: „Die plastischen Darstellungen der Fassade des Palastes bilden zusammen einen schönen Spiegel fürstlicher Regierung. Auf der Kraft der Persönlichkeit, auf dem Heldentum des Volkes baut sich die fürstliche Gewalt sicher auf; sie hat ihr Zentrum in der Übung der christlichen Tugenden, vereint mit Stärke und Gerechtigkeit, steht endlich unter dem Einfluß höherer Mächte, einer himmlischen Leitung, die sich im Lauf der Gestirne kundgibt." Diese Auffassung wird nicht beeinträchtigt, auch wenn wir annehmen, daß die oberste Reihe ursprünglich nur die fünf Planeten des Altertums dargestellt habe und erst später durch die zwei Giebelfiguren zu der Reihe der sieben Wochentagsgötter erweitert worden sei. Da nun aber diese beiden Figuren nur im Zusammenhang mit dem Doppelgiebel oder den beiden Zwerchgiebeln entstanden sein können, so entsteht die Frage, ob Sol und Diana (Luna) ebenfalls vom Bildhauer Alexander Colin, von dem weiter unten die Rede sein wird, herrühren, oder nicht. Im ersten Fall müßte auch die Giebelanlage bereits vor Colins Weggang, also noch zu Lebzeiten Ottheinrichs, geplant oder sogar schon begonnen worden sein, was aber unserer Annahme von der späteren Anordnung der Giebel (siehe unten) widerspricht. Es bleibt also nichts übrig, als die Herstellung der 15. und 16. Statue am Bau einem anderen Meister zuzuschreiben, der sich dem Colinschen Stil nach Möglichkeit anzupassen gesucht hat. Und in der Tat finden sich unter den 14 Colinschen Figuren weit größere Unterschiede in Stil und Technik, als zwischen diesen beiden jüngeren und den älteren Statuen vorhanden sind. Man vergleiche z. B. die Gestalten der Gerechtigkeit und der Liebe oder Herkules und Saturn, Saturn und Mars. Bei der Aufstellung der Giebelstatuen werden dann natürlich die Plätze von Jupiter und Diana vertauscht worden sein. In dieser Hinsicht steht unserer Annahme somit nichts im Wege.

Die gelehrten antiquarischen Neigungen des Bauherrn spiegeln sich am deutlichsten in jenen Medaillons mit Bildnissen berühmter Römer wider, die in den Giebelrahmen der Erdgeschoßfenster zwischen reizenden musizierenden Putten angebracht sind. Dargestellt sind nach den Unterschriften: Vitellius Imperator — Antonius Pius Con. — Tiberius Claudius Nero — Nero Caesar — C. Marius — M. Antonius — Rom. N. Pamphilius — M. Brutus. Haupt hat darauf hingewiesen, daß diese Medaillons samt den Unterschriften wahrscheinlich dem Werke des J. Huttichius „Imperatorum Romanorum Libellus", Argentinae MDXXV, entnommen worden sind, und somit wird wohl die merkwürdige Auswahl auf Konto des Bauherrn zu setzen sein. Übrigens ist bekannt, daß Ottheinrich eifrig dem Sammeln antiker Münzen ergeben war, die ebenfalls zum Teil als Vorbilder benutzt sein können.

Als Hauptschmuck der Fassade erscheint das großartige Portal, das zwar nicht recht organisch in das System des Erdgeschosses eingegliedert ist, in seinem Aufbau und seiner Detaillierung aber zu den gelungensten Leistungen dieser Art auf deutschem Boden gehört. In der Breite nimmt es ein ganzes Feld ein und in der Höhe greift es sogar — wieder ganz unitalienisch — in das obere Geschoß über. Dieses Prachtstück erinnert in der Dreiteilung und dem Aufbau an antike Triumphbogen, ist aber im einzelnen durchaus frei und originell behandelt. Statt der seitlichen Durchgänge sind neben dem rundbogigen Mitteltor zwischen den das Gebälk tragenden Figuren lange, schmale Fensterschlitze mit Oberlichtern darüber, nach Art einer Attika, angeordnet. Die zwischen diesen angebrachte Tafel meldet den Namen und die Titel des fürstlichen Erbauers:

„Ott Hainrich von Gottes gnaden Pfalntzgraf bei Rhein.
Des heyligen Römischen Reichs Ertzdruchseß
und Churfürst. Hertzog in Nidern und Obern Baiern."

Der obere Aufsatz zeigt in der Mitte gleichfalls zwischen zwei weiblichen Tragfiguren eine große Platte mit dem kurfürstlichen Wappen und den Initialen O. H. P. C. („Otto Heinrich Pfalzgraf Churfürst" oder „Otto Heinrich Palatinus Comes"), während beiderseitig zwei dreieckförmige Kartuschen mit Reliefdarstellungen eines Kampfes zwischen Mann und Löwe den Übergang zur obersten Bekrönung herstellen. Diese besteht aus einer oberhalb des verkröpften Gurtgesimses angebrachten Kartusche mit dem von musizierenden Engeln und Fruchtschnüren umgebenen Rundbilde des Kurfürsten.

Das Figürliche erscheint am Portal, sowohl bei den vier größeren als bei den zwei kleineren Tragfiguren, mit größerer Sorgfalt behandelt. Bei der Anfertigung dieser am meisten in die Augen fallenden Arbeiten wird Meister Colin wohl mehr persönlichen Anteil genommen haben als an der Statuenreihe oben am Bau; vielleicht auch, daß man hiermit den Anfang gemacht hat und erst später infolge der notwendigen Beschleunigung zu einer flüchtigeren Behandlung übergegangen ist. Trotz der Verstümmelung (der eine Kopf, zu äußerst links, ist jünger) sind diese Figuren, deren Hauptvorzug im Faltenwurf besteht, heute noch von vorzüglicher Wirkung. Nicht minder gelungen sind die beiden seitlichen Kartuschendreiecke, welche die rohe, ungezügelte Naturkraft im Gegensatz zu den mit göttlicher Kraft ausgerüsteten Helden der anstoßenden Figurenreihe darstellen. Auf dem rechtsseitigen Relief erscheint der Mensch als Sieger im Kampf mit dem vom kräftigen Arm umschlungenen Löwen; das Gegenstück zeigt den Löwen, wie er hoch aufgerichtet den zu Boden gesunkenen Gegner zu zerfleischen im Begriff ist. Die Ausführung zeugt von großer Sorgfalt; ebenso wie die Wappentafel, trotz der sehr unruhigen Form der Schilde, als musterhaft in ihrer Art angesehen werden kann. Reizend wirken auch hier die musizierenden Putten zu beiden Seiten des wohlgetroffenen Reliefs des Bauherrn. Die im Fries darunter angebrachte Tafel mit den beiden geflügelten Figuren, deren Leib in gerolltes Blatt- und Stengelwerk ausläuft, bildet ein bei den Türen im Innern des Palastes häufig wiederkehrendes, auch sonst wohlbekanntes Füllungsmotiv.

Wir sahen, daß in der allgemeinen Anordnung eine strenge Regelmäßigkeit und Übereinstimmung herrscht, bei der dekorativen Behandlung aller dieser Teile kann aber als Hauptprinzip nur das Gegenteil, ein offenbares Streben nach Abwechslung und Mannigfaltigkeit, bezeichnet werden. Nicht nur die vertikalen Vorlagen sind in den einzelnen Stockwerken verschieden: unten schmale, hohe Pfeiler mit jonischen Kapitellen, aus einzelnen niedrigen und an den Lagerflächen abgerundeten Quadern errichtet, darüber korinthische Pilaster mit zierlichen Füllungen und ganz oben korinthische Halbsäulen kanneliert, aber ohne Verjüngung. Auch die Gesimse oder Gebälke weichen erheblich voneinander ab: im unteren ein dorisches Triglyphon, im mittleren ein mit Wellenmuster verzierter jonischer Fries mit Eierstab und Zahnschnitt darüber, schließlich im obersten ein Palmettenfries mit weit ausladender Hängeplatte als Abschluß. In derselben Weise herrscht das Streben nach Abwechslung und Mannigfaltigkeit der Formen bei den Fenstern, die nicht nur in den drei Geschossen verschieden detailliert sind, sondern auch innerhalb derselben Reihe mancherlei, freilich nicht auf den ersten Blick erkennbare Varianten enthalten. Man vergleiche in dieser Beziehung die Pilasterfüllungen, die Hermen an den Mittelpfosten oder die eigentümlichen Bekrönungen oberhalb der Verdachungen, besonders im zweiten Stock. Auch bei den Nischen hat man den oberen Abschluß verschieden gestaltet, indem hier die Muscheln bald nach oben, bald nach unten gerichtet erscheinen, ebenso wie auch der Akanthus der darüber befindlichen Konsolen bald aufwärts, bald abwärts gekehrt ist.

Wir erblicken echt antikische Formen in eigentümlicher Vermischung mit Elementen der beginnenden Willkür, klassisches Rankenwerk (Pilasterfüllungen) neben unruhigen Schnörkeln und Kartuschen (oberste Fensterbedachungen und Aufsätze am Hauptportal). Durchaus unitalienisch wirken auch die eigentümlichen Schachtel-, Dreh- und Bandsäulen an den Fenstern des Erdgeschosses, noch mehr aber dort die völlig mißbildeten Giebeldreiecke. Diese treten nämlich mit ihren Profilen weit hinter die Vorderkante der Gesimsbekrönung zurück, mit der sie doch in gleicher Flucht liegen müßten, und erwecken somit mehr den Eindruck eines flach an der Wand liegenden dreieckigen Rahmens statt eines schützenden Giebels in antikem Sinn. Nicht anders ist mit den „Säulenordnungen“ verfahren, deren Formen und Verhältnisse — damals ganz allgemein nach den Vorschriften des Vitruvius in starre Regeln und Normen gebannt — hier willkürlich durcheinandergeworfen erscheinen; und zwar bezieht sich dies nicht nur auf das übliche Verhältnis der einzelnen Teile (z. B. eines Gebälkes) untereinander, sondern auch auf Eigenmächtigkeiten, wie die Einführung eines dorischen Triglyphenfrieses in ein jonisches Gebälk, die Weglassung der Verjüngung der Halbsäulen im obersten Stockwerk u. a. Dazu kommt beim Versetzen der Werksteine eine Sorglosigkeit oder Unverständigkeit, die sich nicht scheut, zwei Metopenplatten nebeneinander zu setzen (links neben dem ersten nördlichen Halbpfeiler) oder die unter die Dreischlitze gehörenden Zahnplatten beliebig nach links oder rechts zu verschieben. Leider weist der Bau Ottheinrichs auch sonst noch deutliche Spuren eilfertiger Ausführung auf.

Es bleibt uns noch die Untersuchung der ehemaligen Gestaltung des Dachabschlusses übrig. Wie die erste Bedachung war, ob der Bau vorübergehend horizontal abgeschlossen gewesen ist, wie er — zu seinem Vorteil — heute erscheint und ursprünglich gedacht gewesen sein wird, wissen wir nicht. Die ältesten Ansichten zeigen nur, daß die heute noch vorhandenen Reste der Zwerchhäuser einer jüngeren Anlage angehören, daß nämlich vor dem Dreißigjährigen Kriege ein in der Mitte zusammentreffender Doppelgiebel mit zwei von Westen nach Osten durchlaufenden Firsten vorhanden war. Erst unter Karl Ludwig scheint man ein vierseitiges Walmdach mit einem von Süden nach Norden durchlaufenden First errichtet und die Aufführung dieser beiden zweistöckigen Zwerchhäuser vorgenommen zu haben. Eine dritte Veränderung muß nach den Stürmen des Orléansschen Krieges erfolgt sein, denn an der südlichen Schmalwand ist noch ein giebelartiger Aufbau sichtbar, der auf das ehemalige Vorhandensein eines Satteldaches zwischen Giebelabschlüssen im Norden und Süden schließen läßt.

Von der architektonischen Ausbildung des Doppelgiebels, der zweifellos einst vorhanden war, können wir uns mangels genauerer Abbildungen nur noch eine ungefähre Vorstellung machen. Jedenfalls hatte es sich hierbei um eine Konzession an die deutsche Vorliebe für den Giebelbau gehandelt, die dem Eindruck des Ganzen nur geschadet haben kann. Den naturgemäßen Abschluß der Fassade würde ein kräftiges, horizontales Hauptgesims mit Attika oder Balustrade darüber gebildet haben. Die Wichtigkeit der Frage, welche der ehemaligen Bedachungen dem Bauwerk bei einer früher geplanten Wiederherstellung zu geben sei, leuchtet ein, zugleich aber auch die Gefahr, die mit der Lösung dieser Frage für die Erscheinung des gesamten Baues verbunden war. Die an die Vorlage des Schäferschen Wiederherstellungsentwurfes anknüpfende öffentliche Polemik hat sich denn auch neben der grundsätzlichen und technischen Frage eines Wiederaufbaues hauptsächlich mit der Lösung der Doppelgiebelbildung beschäftigt. Meines Erachtens hat der durch die Merianschen Ansichten und die Stuttgarter Zeichnungen bestätigte monströse Doppelgiebel niemals künstlerisch im Zusammenhang mit der unteren Fassade gestanden, sondern ist nach dem Tode des Bauherrn von den bauleitenden Architekten, die darin den mittelalterlichen Traditionen folgten, ohne Rücksicht auf den ursprünglichen Plan nachträglich aufgesetzt worden. Diese von mir stets vertretene Auffassung hat die unerwartete Bestätigung gefunden durch die Auffindung einer Skizze des Giebels im „Wetzlarer Skizzenbuch“ (Näheres darüber in meinem Aufsatz in der Seemannschen „Zeitschrift für bildende Kunst“ 1905, S. 137 ff.), die aus der Zeit 1615—1617 stammt. Jedenfalls hat der Bau mit den beiden Zwerchhäusern zur Zeit Karl Ludwigs viel schöner ausgesehen und hat sich viel besser ins Gesamtbild eingefügt als mit dem ersten Dach, durch das er bei seiner hohen Lage die übrigen Bauwerke des Schloßhofes mit seiner gewaltigen Baumasse fast erdrückt haben muß. Für den ursprünglich geplanten horizontalen Abschluß hat außerdem B. Koßmann („Die Bedeutung des Heidelberger Ottheinrichsbaues“, Karlsruhe 1902) bautechnische Gründe von zwingender Beweiskraft gefunden.

Mit Hilfe der vorhandenen Pläne können wir uns ein Bild von der Grundrißanlage des Ottheinrichsbaues machen. Der Keller ist nur vom Hofe aus zugänglich: die nördliche Hälfte durch die große rundbogige Tür rechts neben dem Treppenturm Friedrichs II., die durch eine Querwand abgeteilte südliche Hälfte mittels einer Öffnung unter dem

Treppenpodest. Eine Längsmauer, auf der die Scheidemauer in dem darüberliegenden Geschoß steht, teilt diesen südlichen Raum wieder in zwei ungefähr gleich große Hälften.

Das Erdgeschoß liegt in so beträchtlicher Höhe über dem Boden, daß der Name kaum anwendbar erscheint. Der Grund für diese Anordnung liegt teils in den Geländeverhältnissen, teils in der Rücksicht auf die anstoßenden Baulichkeiten. Da der Fall des Bodens an dieser Stelle sehr bedeutend ist, hätte es bei einer Tieferlegung des Erdgeschosses im Süden eines sehr beträchtlichen Aushubes für den Keller bedurft, was in dem dort lagernden Granit nicht leicht zu bewerkstelligen gewesen wäre. So ist es gekommen, daß das Erdgeschoß des Ottheinrichsbaues im Süden etwa 2 m, im Norden etwa 4 m über dem Boden liegt.

Anm. 13 siehe S. 98 f.

Durch das Portal in der Mitte, zu dem wir auf der Freitreppe hinaufsteigen, betreten wir das Vestibül des Palastes. Dieser Raum ist durch Einfügung einer Zwischenwand rechts nachträglich verschmälert worden. Offenbar hat sich erst während des Baues die Notwendigkeit der Abteilung eines besonderen Raumes vor dem südlich daran anstoßenden Audienzzimmer des Kurfürsten herausgestellt. Links vom Vestibül (Nordseite) lag der bis an die äußere Ringmauer führende große Saal, und rechts (Südseite) schlossen sich das vom Vestibül abgetrennte schmale Wacht- oder Wartezimmer, der Audienzsaal und das Wohnzimmer an; dahinter, an der Ostseite, lagen die „Stube", die Schreibstube und kleinere Dienerzimmer. Der durchgehende Hauptfestsaal, der „Kaisersaal" (Name zu Ehren Maximilians II., der 1570 hier zu Besuch war), hatte nicht die Größe der Festräume im Frauenzimmerbau und im Gläsernen Saalbau, aber er mag in der inneren Ausstattung alle überstrahlt haben. Ihn überspannten einst sechs flache Kreuzgewölbe, die an den Wänden auf Sandsteinkonsolen und in der Mitte auf kräftigen Sandsteinstützen aufruhten. Diese Gewölbe zeigen innerhalb ihrer Grundform eine solche Mannigfaltigkeit in der Detaillierung, daß nicht zwei Stücke einander gleich sind und das Auge stets aufs neue gefesselt wird. Die Mittelpfeiler, zum Teil ergänzt und wieder aufgerichtet, zeigen oberhalb eines verzierten Postamentes vier um einen quadratischen Kern gelagerte Halbsäulen mit hochgezogenen Kompositkapitellen; das untere Drittel des Schaftes ist reich mit Akanthus- und Rankenwerk überzogen. Auch hier keine völlige Übereinstimmung, sondern jeder Pfeiler ornamental verschieden behandelt. Im ganzen muß der große Raum etwas Gedrücktes gehabt haben, da die Höhe im Verhältnis zur Ausdehnung zu gering war, doch mag auch hier eine geschickte Bemalung den Übelstand wesentlich gemildert haben. Die große Tür in der Mitte der Nordwand zeigt schon in ihren Formen die spätere Entstehung durch Karl Ludwig; außerdem belehrt uns das in dem flachen Rundgiebel angebrachte Wappen, in dem das Kurschild wieder ohne Reichsapfel erscheint, daß wir es mit der Zeit nach dem Dreißigjährigen Krieg zu tun haben. Von hier aus gelangte man mittels einiger Stufen direkt in das von Karl Ludwig ausgebaute und erhöhte zweitoberste Geschoß des Gläsernen Saalbaues. Außerdem stand der Kaisersaal durch eine schmale Tür (links) mit dem anstoßenden Gang und Treppenturm des Gläsernen Saalbaues in Verbindung.

Südlich des Kaisersaales liegt ein zweiter, kleinerer Repräsentationsraum, die „Stube", gegen die sich das oben erwähnte Vestibül und das Audienzzimmer mit je einer Tür öffnen. Von der „Stube" und von dem in der südwestlichen Ecke gelegenen kurfürstlichen Wohnzimmer aus führt je eine Tür in einen nachträglich ebenfalls geteilten, ursprünglich ungefähr quadratischen Vorraum, von dem aus man in den kleinen Zwingerhof zwischen Apothekerturm, Ritterküche und Ludwigsbau zu ebener Erde gelangt. Ein östlich an diesen Vorraum anstoßendes kleines Zimmer mag auch als Dienerraum gedient haben. In der „Stube" läßt sich aus den Konsolen sowie den Resten der Rippen und Kappen gleichfalls das ehemalige Vorhandensein einer aus sechs Kreuzgewölben zusammengesetzten Decke feststellen, deren Mittelstützen freilich nicht einmal in Resten mehr an Ort und Stelle sind. Der Reichtum der ehemaligen Ausstattung ist auch hier an den Konsolen, die genau nach der Art der im Kaisersaal befindlichen, nur etwas kleiner, hergestellt sind, und an den schönen Türgestellen zu erkennen. (In diesem Raum sind heute die Originale der Standbilder des Ottheinrichsbaues untergebracht.) Außer der Tür, die in den Kaisersaal führt, münden noch drei reichverzierte Portale in diesen Saal, je eines im Westen vom Vestibül und vom Audienzzimmer, im Süden vom Vorraum aus. Von diesen entsprechen einander die beiden gegenüber- und die beiden nebeneinanderliegenden wenigstens insoweit, als jene rundbogig geschlossen und mit Hermen, diese mit geradem Sturz und kannelierten Pfeilern als Einfassung an der Seite versehen sind. Außerdem ist das Gebälk übereinstimmend behandelt und auf allen vier Türen eine Supraporte, ein reich verzierter hoher Aufsatz, angebracht. Diese Türgestelle vereinigen dieselben Vorzüge und Fehler, die wir bei der Dekoration der Fassade hervorgehoben haben: einen schier unerschöpflichen Reichtum der Formen, eine flotte und freie Erfindung, einen blendenden Gesamteindruck, daneben Willkürlichkeiten und Übertreibungen, wie sie eben damals den niederländischen Künstlern allgemein eigen gewesen zu sein scheinen.

Besonders bei den „Bildern ob den Gestellen", den eigentümlichen phantastischen Türbekrönungen, die sich auf fast allen Türen wiederfinden, scheint die Phantasie des Meisters Colin in den Formen geradezu geschwelgt zu haben. Seine Männer und Frauen, Putten und Fabelwesen, Kartuschen und Wappentafeln, Fruchtschnüre und Trophäen, das Blatt- und Ringelwerk, alles dies erscheint in den verschiedensten Kombinationen künstlerisch durcheinandergewürfelt, hie und da verworren und überladen wirkend, aber immer neu und reizvoll. Dabei verrät sich die niederländische Schule unverkennbar in der Form der langen schweren Früchte sowie in der Behandlung des Kartuschen- und Rollwerks. Häufig tritt eine eigentümliche Verbindung mit menschlichen Figuren auf, die durch die Löcher in den Kartuschen Arme und Beine stecken oder sich aus der Umklammerung des Rollwerks zu befreien suchen.

Außer den vier Türen in der „Stube" sind auch die Verbindungstüren zwischen den drei vorderen Gemächern mit ähnlichen „Gestellen" versehen, während die vom Vestibül in den Kaisersaal und die aus dem Wohnzimmer in den südlichen Vorraum führenden Türen einfacher gehalten sind. Erwähnt seien noch im Wohnzimmer die Spuren des Tonnengewölbes und der seines oberen Abschlusses beraubte große Kamin, der zwar seinem älteren Rivalen im Ruprechtsbau an Schönheit nicht an die Seite zu stellen ist, immerhin aber als eine höchst beachtenswerte Probe der Leistungsfähigkeit des niederländischen Bildhauers auch auf diesem Gebiet betrachtet werden kann.

Der Grundriß der beiden oberen Geschosse, die Wohnzwecken gedient haben, ist nicht mit Sicherheit mehr zu bestimmen. Erwähnt wird nur ein Speisesaal im ersten Geschoß, der über dem Kaisersaal lag und mit dem Gläsernen Saal durch eine Tür in direkter Verbindung gestanden hat. Auch für genügende Verbindungen mit dem Ludwigsbau und Apothekerturm war gesorgt.

Die vielumstrittene Frage nach dem Schöpfer des Ottheinrichsbaues ist unbeantwortet geblieben. Der italienische Grundcharakter des Palastes steht zwar außer Zweifel, ob aber der Architekt ein Italiener war, dem deutsche Steinmetze teilweise das Konzept verdorben haben, oder ob ein in Italien ausgebildeter deutscher Meister die „antikischen" Formen etwas frei behandelt hat, ist nicht festzustellen. Einen Niederländer als Schöpfer anzunehmen, liegt keine Veranlassung vor. In ganz Oberitalien verstreut finden sich die Motive vor, die hier zum Teil direkt benutzt, zum Teil genial zu neuer Komposition verarbeitet wiederklingen. Hier und da erscheint der Blütenstaub der italienischen Formensprache abgestreift, und nicht immer tritt neu Erfundenes gleichwertig an dessen Stelle; im ganzen aber gilt der Ottheinrichsbau doch mit Recht als die edelste Blüte der deutschen Frührenaissance. Diese tritt in Deutschland, ebenso in Holland, naturgemäß zunächst in engstem Anschluß an die italienischen Vorbilder auf und lenkt erst allmählich in der Dekorationsweise in eigene Bahnen ein. Wir kennen aber wenigstens den Verfertiger des figürlichen Schmuckes: es ist der
Anm. 14 siehe S. 99
bereits mehrfach erwähnte niederländische Bildhauer Alexander Colin aus Mecheln (1526—1612). In einem ausführlichen Vertrage, der am 7. März 1558 mit ihm abgeschlossen wurde (die Kopie liegt im Karlsruher General-Landesarchiv), werden die Bildhauerarbeiten einzeln genannt, die von ihm auszuführen waren. Um den Preis von 1140 Gulden wird ihm die Anfertigung der vier Säulen in den beiden Sälen, des Wappens über dem Portal, der noch fehlenden Türgestelle im Innern, der zwei Kamine im Erdgeschoß, von fünf Löwen und des ganzen figürlichen Schmuckes am Portal übertragen. In einem Nachtrag werden noch 14 Statuen und 14 Fensterpfosten an denselben Künstler vergeben. Man darf aber nun nicht unbedingt schließen, daß alle hier nicht genannten architektonischen Details, die Pilaster- und Friesfüllungen, die Fensteraufsätze und Konsolen, soweit sie mehr „antikischen" Anstrich haben, als Werke eines im Kontrakt noch erwähnten Bildhauers Antoni zu betrachten seien, während Colin die derbere, niederländische Geschmacksrichtung vertrete, denn die gleichzeitige holländische Baukunst beweist an zahlreichen Beispielen, daß eine derartige Vermischung strengerer und freierer Formgebung damals durchaus nichts Ungewöhnliches war, sondern sogar zu den Eigentümlichkeiten der neuen Richtung gehörte.

Der Ottheinrichsbau, die Perle im Kranze der Schloßbauten, ist der Stolz, aber auch das Schmerzenskind aller Freunde des Schlosses, denn immer wieder tauchten Gerüchte über den drohenden nahen Verfall des herrlichen Bauwerkes auf. Dieses Gerede veranlaßte mich im Jahr 1923, den zuständigen Baurat Ludwig Schmieder in Heidelberg um ein Gutachten zu bitten. Er berichtete folgendes: „Seit dem Jahre 1883, in dem man zuerst ein meßbares Überhängen der Westseite des Ottheinrichsbaues feststellte und ein allmähliches Neigen und Umkippen der Mauer befürchtete, werden nach den verschiedensten, in der Genauigkeit stetig verfeinerten Methoden Messungen vorgenommen. Sie ergaben, daß die Mauer bei starken Windstößen in ihrem obersten Teil geringen Schwankungen unterworfen ist und daß unter der Einwirkung der Sonnenbestrahlung periodische Verschiebungen in der Lage eintreten. Das beruhigende Ergebnis der Messungen, die trotzdem fürsorglich auch fernerhin periodisch vorgenommen werden sollen, ist, daß die Mauer stets wieder in ihren Anfangszustand zurückkehrt und daher als geschlossener Mauerkörper vollen Zusammenhang und festes Gefüge besitzt. Gefahr für die Standfestigkeit der Mauer könnte erst dann eintreten, wenn die Messungen dauernde Verschiebungen in der Lage zeigten. Im übrigen wird alles Erdenkliche getan, um den Ottheinrichsbau gegen die Witterungseinflüsse zu schützen und das kostbare Baudenkmal in seinem Bestande zu erhalten.“ Diese von autoritativer Stelle gegebene dankenswerte Erklärung dürfte jenen haltlosen Gerüchten wohl ein Ende machen.

Friedrichsbau

Der Bau Friedrichs IV. (1592—1610), den schon die Akten des 17. Jahrhunderts kurzweg als „Friedrichsbau“ bezeichnen, verdankt dem Umstande seine Entstehung, daß der vorher an seiner Stelle befindliche Bau niedergerissen werden mußte. Im unteren Geschoß, das die alte, von Ruprecht I. im Jahr 1346 gestiftete und dem heiligen Udalrich geweihte Schloßkapelle enthielt, war einem zeitgenössischen Bericht zufolge „eine große dicke eissene Stang entzwei gebrochen, worauf sich die Capel mit dem Newen Baw daruff sich dermassen gesenkt, das man sich des Einfallens undt dannenhero entstehender großer Gefar besorgen müssen, zum Theil weil derselb Oberbaw gar zu schwer, undt dan zum Theil auch das Fundament zu schwach undt nit genugsam versehen gewesen“. Es war also auf den alten Umfassungswänden, wahrscheinlich unter Ludwig VI., ein neuer Aufbau errichtet worden, dessen Last die alten Mauern nicht zu tragen vermochten. Der Abbruch erfolgte bis auf die Fundamente. Bei dieser Gelegenheit wurde auch das östlich anstoßende Tor abgebrochen, durch das bis dahin der ganze direkte Verkehr mit der Stadt den steilen Burgweg hinauf- und hinabgegangen war.

Der Bau Friedrichs IV. ist derart zwischen den Frauenzimmerbau und den Gläsernen Saalbau eingeschoben, daß eigentlich nur die Errichtung der beiden Längsfronten dazwischen erforderlich war. Der Grund ist Granit. Unter den üblichen Feierlichkeiten wurde die Grundsteinlegung des Neubaues, der nicht nur für die Kapelle und den darüber errichteten Wohnbau, sondern auch für den anstoßenden Torbau Ersatz zu leisten hatte, am 3. Juni 1601 in Gegenwart des Kurfürsten vollzogen, und im Frühling 1604 war der Bau bereits „auswendig under das Tach gebracht". Der innere Ausbau („der Inbaw") erforderte dann noch weitere anderthalb Jahre; die Vollendung des Statuenschmuckes am Äußeren aber und somit die gänzliche Fertigstellung des Palastes erfolgte erst 1607, wie die Inschrift über dem Durchgang und die Angabe auf der Konsole unter der Statue des Erbauers bezeugen.

Der Architekt des Baues ist uns aus den Akten bekannt. Es ist der Meister Johannes Schoch aus Königsbach bei Pforzheim, dessen Wirken erst in neuerer Zeit durch die dankenswerten Anm. 15 siehe S. 99 Untersuchungen von Czihak und Rott näher festgelegt worden ist. Danach war Schoch, bis zur Übersiedlung nach Heidelberg im Jahr 1601, in Straßburg als Stadtbaumeister tätig.

Von sämtlichen Wohnbauten des Schlosses hat der Friedrichsbau am wenigsten gelitten, seine Fassaden sind fast ganz erhalten geblieben. Zwar war auch hier das Innere bis auf die Gewölbe der Kapelle herab zweimal ausgebrannt, das erstemal in den Stürmen des Orléansschen Krieges, das zweitemal 1764, als der Blitz den großen Schloßbrand verursachte, aber bald wurde jedesmal das Notwendigste, vor allem wenigstens das Dach darüber, wiederhergestellt: so von Karl Philipp um 1718 und das über 4 m zu niedrige Dach unter Karl Theodor 1782; das heutige Dach stammt von der Schäferschen Wiederherstellung.

Von der Mitte des Schloßhofes aus haben wir eine freie Übersicht über die Südfront des Friedrichsbaues. Wie in der angebrachten Bauinschrift ausdrücklich hervorgehoben wird, sollte der Palast „divino cultui et commodae habitationi" dienen, also Fürstenwohnung und Gotteshaus vereinigen. Diesen Doppelzweck auch im Äußeren möglichst zur Erscheinung zu bringen, mußte die Hauptaufgabe des Architekten beim Entwurf der Fassade sein. Bis zu einem gewissen Grade erscheint dies auch gelungen. Schoch hat es verstanden, das Kirchliche im unteren Teil so weit zum Ausdruck gelangen zu lassen, als die Einheitlichkeit des Gesamtbildes es zuließ. Zweifellos hat das Vorbild des Ottheinrichsbaues mit seinen hohen Fenstern des Hauptgeschosses die Lösung nahegelegt, aber erst dadurch, daß Schoch den oberen Abschluß der Fenster bogenförmig gestaltete, eine Art Maßwerkteilung anordnete und schließlich die Höhenentwicklung der Fenster im Verhältnis zur Breite bedeutend steigerte, erreichte er die erforderliche eigentümliche Charakterisierung des Untergeschosses.

Der vertikalen Tendenz des Ganzen kommt der Aufbau der beiden Zwerchgiebel wesentlich zu Hilfe. Nicht unorganisch, beliebig aufgesetzt, wie bei der großen Mehrzahl der Hauptfronten deutscher Renaissancepaläste, sondern von unten auf vorbereitet steigen diese zweigeschossigen Ziergiebel oberhalb des Hauptgesimses empor, gewissermaßen als Schlußakkorde, in denen die Baumelodie ausklingt. Schoch hat es verstanden, das mittelalterliche Zwerchhaus organisch in die Fassade einzufügen, ein Unternehmen, an dem der Baumeister, der unter Karl Ludwig die Zwerchhäuser am

Ottheinrichsbau nachträglich — dem Muster des Friedrichsbaues entsprechend — aufführte, natürlich scheitern mußte.

Den gerühmten Vorzügen stehen freilich auch mancherlei Nachteile gegenüber. Vor allen Dingen ist die Achsenteilung zu knapp bemessen: ein Bauteil steht dem anderen im Wege. Wie eingekeilt sitzen die Fenster zwischen den Pfeilerreihen, so daß Sohlbank und Verdachung gezwungen sind, auf diese überzugreifen. Im dritten Stock stoßen die Voluten der Pfeilerkapitelle direkt an die Sima der Fenstergiebel. Auch in der Höhe haben die Fenster keinen Raum zur Entwicklung. Die Giebelspitzen durchbrechen in den oberen Stockwerken die geraden Linien der Architrave und ragen im Mittelgeschoß sogar in den Triglyphenfries hinein. Ebenso müssen die Pfeilernischen mit einer äußerst schmalen Wandung vorliebnehmen und sind trotzdem für die Riesengestalten noch zu klein ausgefallen.

Neben Johannes Schoch war noch ein zweiter Künstler in hervorragender Weise an der Ausschmückung des Bauwerkes beteiligt: ein jugendlicher Meister aus Chur, Sebastian Götz, der wohl zufällig zu Anfang des Jahres 1604 den Neckar herabkam und auf Vorschlag des Baumeisters vom Kurfürsten in Dienst genommen wurde. Ihm verdanken wir vor allem die Herstellung der 16 Statuen, welche die Hoffassade zieren und deren Eindruck so wesentlich beeinflussen. Gelegentlich der Schäferschen Erneuerung sind die Originale, die zum größten Teil „standfaul" und teilweise in einem starken Verwitterungsprozeß waren, aus den Nischen entfernt und in der Kapelle untergebracht worden. Ebenso sind die meisten übrigen Skulpturteile des Sebastian Götz durch Kopien ersetzt worden.

Die Wahl des Gegenstandes und die Auswahl der einzelnen Persönlichkeiten aus der Ahnenreihe des Wittelsbacher Hauses geht offenbar auf den Kurfürsten selbst zurück, der sich dabei der Mitwirkung seines gelehrten Freundes, des Rechtsgelehrten und Historikers Marquard Freher (gestorben 1614), bedient haben wird. Die Reihenfolge beginnt zuoberst links am westlichen Zwerchgiebel und erstreckt sich bis herab zu der links neben dem Durchgang befindlichen Statue des Erbauers:

Frühling			**Sommer**
	Gerechtigkeit		
Karl der Große Kaiser	Otto von Wittelsbach Erster Herzog von Bayern	Ludwig I. Erster Wittelsbacher Pfalzgraf	Rudolf I. Pfalzgraf
Ludwig der Bayer Kaiser und Bruder Rudolfs I.	Ruprecht I.* König	Otto von Ungarn König	Christoph von Dänemark König
Ruprecht I. Gründer der Universität	Friedrich I. Sieger von Seckenheim	Friedrich II. Erbauer des Gläsernen Saalbaues	Ottheinrich Erbauer des Ottheinrichsbaues
Friedrich III. Erster Kurfürst aus dem Hause Pfalz-Simmern	Ludwig VI.	Johann Kasimir Erbauer des Faßbaues	Friedrich IV. Erbauer des Friedrichsbaues

* Als Kurfürst vorher (1398—1400): Ruprecht III.

Die Auswahl der Figuren kann nicht als eine glückliche bezeichnet werden. Ludwig V., der große Schloßbauherr, fehlt, und statt dessen erscheinen Persönlichkeiten, wie der Ungarn- und Dänenkönig, als Reklamefiguren eingefügt. Auch hinsichtlich der beigesetzten Jahreszahlen läßt sich kein bestimmtes Prinzip der Auswahl erkennen; meist bezeichnen sie das Todesjahr des betreffenden Fürsten.

Diese Unzulänglichkeiten treten jedoch gegenüber der hohen künstlerischen Vollendung der Ahnenreihe völlig in den Hintergrund. Es ist nicht anzunehmen, daß der jugendliche Meister ganz unvorbereitet an eine derartige Aufgabe herangetreten ist, beruft er sich doch selbst bei den Verhandlungen darauf, daß er „zu München bereits habe helffen fürstliche Bilder machen". Mit sicherem Gefühl ist die ganze Arbeit angepackt, mit bewunderungswürdiger Meisterschaft in der verhältnismäßig kurzen Zeit von 3—4 Jahren vollendet worden. Schoch und Götz waren kongeniale Naturen. Von der derben Charakteristik der Bauformen ist etwas in die kräftigen Wittelsbacher Recken übergegangen; die Einordnung des Figürlichen in das Architektonische ist unübertrefflich. Man denke sich diese markigen Gestalten des Friedrichsbaues mit den schwächlichen Figuren des Ottheinrichsbaues vertauscht, und die Wirkung beider Fassaden ist dahin.

Die Nischen des Friedrichsbaues sind offenbar zu klein geworden für die Reckengestalten, die sie aufnehmen sollten. Durm hat bereits darauf hingewiesen, daß die Vorderseiten der Konsolen, auf denen jene stehen, nachträglich vergrößert worden sind, um genügenden Standraum zu geben. Also auch hier die Enge, die wir in Bezug auf die architektonische Entwicklung der Einzelteile am Bau als charakteristisch hervorgehoben haben, dasselbe Überquellen an Kraft aus dem gegebenen Rahmen heraus.

Auch im einzelnen verdient die Arbeit des Churer Bildhauers alles Lob. Welche Auffassung der Persönlichkeiten eines Otto von Wittelsbach, Ruprecht I. oder eines Friedrich I.; welche Charakterisierung bei dem Ungarnkönig; welche Hoheit in der Erscheinung eines Ludwig des Bayern oder des Königs Ruprecht. Dabei eine natürliche Abwechslung in den Stellungen und Bewegungen und eine unerschöpfliche Mannigfaltigkeit des Ausdrucks. Die Behandlung des Stofflichen erscheint hier und da etwas massig, aber im ganzen einfach und übersichtlich in der Faltengebung. Nicht am wenigsten Lob verdient die Ausarbeitung der Köpfe, besonders in der unteren Reihe. Man trete nahe heran, und man wird staunen über das Leben in dem Antlitz eines Friedrich III. oder Ludwig VI. Dazu kommt die vollendete technische Ausführung, die ganz vergessen läßt, daß wir es nicht mit kostbarem Marmor, sondern mit gewöhnlichem Heilbronner Keuper zu tun haben. Mit erstaunlicher Sicherheit und Feinheit sind die Einzelheiten an Kronen und Hüten, an Kleidern und Rüstungen, Waffen und Zierstücken herausgehauen. Wie mühsam die Arbeit war, erkennt man am besten an den Brokatmustern der großen Mäntel und am Schnürrock des Ungarnkönigs. Die Vergoldung der Statuen, von der wir in den erwähnten Akten hören, erstreckte sich nicht auf die ganzen Figuren, sondern, wie die vorhandenen Reste beweisen, nur auf besondere Teile der Rüstungen und Waffen, auf die Kronen, Zepter u. a.

Außer den Statuen rühren an der Südseite von unserem Künstler auch noch die weniger gelungenen Figuren der „Gerechtigkeit“ oben zwischen den Zwerchhäusern und der Jahreszeiten „Frühling“ und „Sommer“ oben auf den Giebeln her, ferner die Wappen in den Giebeln, die großen Löwenköpfe unten an den Pfeilern, die Ziertafeln und die „Mansbildtköpfe“ (es sind freilich auch weibliche Köpfe darunter), die aus den Giebeldreiecken über den Fenstern und aus dem Gesimsfriese in so sonderbarer Weise herausragen. Alle diese dekorativen Arbeiten sind ebenfalls in grauem Keuper gefertigt und in derselben kernigen Weise behandelt wie die Statuen in den Nischen. Götz zeigt sich auch hierin auf der Höhe seiner Kunst. Unter den Köpfen in den Giebeldreiecken der Fenster, die so lebensfrisch auf uns herunterschauen, sind einige wahre Prachtstücke, die an ihrem hohen Ort leider nicht gebührend zur Geltung kommen. Zu den schönsten gehört ein weiblicher Kopf links in der zweiten Reihe, ein wahres Sibyllengesicht.

Die erwähnten Ziertafeln zeigen eine von der übrigen Formgebung am Bau durchaus abweichende Behandlungsweise des Ornamentalen. Götz verwendet jene üppigen, geschweiften Formen, bei denen der Zusammenhang mit der Antike noch nicht ganz verlorengegangen erscheint. Eine unerschöpflich sprudelnde Phantasie läßt ihn dabei stets neue Kombinationen ersinnen, so daß trotz der allgemeinen Übereinstimmung des Grundmotivs keine einzige dieser als mustergültig zu bezeichnenden Ziertafeln der anderen völlig gleich ist, während die energisch profilierten Löwenköpfe so recht die Energie seines Meißels bewundern lassen. Wir wissen aus den Bauakten, daß Götz sich bei allen diesen Arbeiten am Friedrichsbau einer Anzahl Gesellen zur Hilfeleistung bediente; da aber nirgends eine Ungleichheit der Arbeit störend ins Auge fällt, so ist anzunehmen, daß der Meister die Gesellenarbeiten sorgfältig überprüft und die letzte Hand an sein Werk überall selbst gelegt hat. Als Werkstatt war ihm der Königssaal im Frauenzimmerbau eingeräumt worden.

Das ganze unterste Stockwerk nimmt die Kapelle ein. Unter ihr zieht sich in der vollen Ausdehnung des Gebäudes ein Kellerraum entlang, der mit Kreuzgewölben überspannt und durch eine breite Tür und Treppe mit dem anstoßenden Hofkeller im Frauenzimmerbau in Verbindung steht. Reichliches Licht strömt ein durch die sieben Fenster in der Nordfront, während der Bodenverhältnisse halber in der Südfront nur zwei Öffnungen angebracht werden konnten. Schon hier im Keller fallen die mächtigen, fast 2,5 m in den Raum einspringenden Pfeiler auf, welche die Kreuzgewölbe stützen, deren eigentliche Bedeutung jedoch erst im darüberliegenden Geschoß klar wird. In der Kapelle erscheinen sie nämlich als kräftige innere Strebepfeiler, die dazu bestimmt sind, den von den flachen Sterngewölben ausgehenden Seitenschub aufzunehmen. In sehr geschickter Weise sind sie aber zugleich zur Anlage einer Empore benutzt, deren Fußboden auf flachen, in halber Höhe quer dazwischengespannten Korbbogen ruht. Schmale, niedrige Öffnungen in den Pfeilern stellten die Verbindung zwischen den einzelnen Teilen her. In gleicher Weise ist an der östlichen Schmalseite ein oberer Einbau, eine Orgeltribüne, hergestellt, die sich über das Gewölbe des unteren Durchganges hinweg erstreckt und somit die doppelte Tiefe wie die übrigen Emporen hat.

Wie bei vielen gotischen Kirchen, sehen wir also das Strebepfeilersystem in das Innere hineingezogen, und dadurch wurde im vorliegenden Fall der besondere Vorteil erreicht, die Fassade ohne Rücksicht auf die im unteren Teil auf sie wirkenden Schubkräfte durchbilden zu können. Die dadurch entstehenden Nischen wurden, als der katholische Kult hier oben wieder einzog, zur Aufstellung von Seitenaltären passend benutzt. Schlanke, vor den Pfeilern aufsteigende Dreiviertelsäulen mit eigentümlichen antikischen Kapitellen tragen die gewölbte Decke, die in den drei vorderen Jochen als Sterngewölbe gebildet ist, während das vierte Feld über der Orgeltribüne, weil von unten weniger sichtbar, mit einem einfachen Kreuzgewölbe versehen wurde. Die flache Lagerung der Deckenwölbung sollte wohl dazu beitragen, den Höheneindruck zu steigern, indem die Kämpferlinie möglichst hoch hinaufgedrückt worden ist. Die Verbindung mit unten vermittelt die schöne Wendelstiege in der nordöstlichen Ecke, die, von Schäfer erneuert, zugleich in die Obergeschosse des Baues hinaufführt.

Das Schiff der Kapelle hat zwei Eingänge: die Haupttür in der Mitte der südlichen Langseite und eine erst später eingebrochene Nebentür, die in der Achse der Kirche auf den Durchgang zwischen Hof und Altan mündet. In ihrer Leibung sind reich verzierte Füllungsplatten eingelassen, die unter Karl Ludwig vom Ottheinrichsbau hierher versetzt wurden. Dagegen scheint im Innern die dicht daneben zu der Wendelstiege führende schöne Tür mit ihrer wirkungsvollen Umrahmung und Überdachung gleichzeitig mit der Treppe entstanden zu sein; ihre Formgebung schließt sich der der Fassaden aufs engste an.

Die beiden Fürstenlogen oben mit den verzierten Holzpfeilern und die ringsherum laufende hölzerne Balustrade stammen, wie das Doppelwappen beweist, aus der Zeit des Kurfürsten Johann Wilhelm, dessen zweite Gemahlin eine Medici war, die Tochter Cosmos III., des Großherzogs von Toscana. Stil und Ausführung verraten geringe Künstlerschaft. Im Jahr 1804 wurde der Gottesdienst hier oben eingestellt, das damalige Hauptaltarbild (eine „Taufe Christi" vom Niederländer Jans Anton Schoon) wanderte in die Galerie nach Mannheim, ist aber jetzt wieder an Ort und Stelle zu sehen. Der Hochaltar und die Kanzel stammen offenbar aus derselben Zeit wie die Logen und zeigen in der minderwertigen künstlerischen Ausführung der Holzschnitzereien, daß man damals nur eben das Notwendigste für die Ausstattung dieser Kapelle getan hat, die einst ihrer vielen Kleinodien wegen in deutschen Landen hochberühmt war.

Für eine Verbindung der Stockwerke war auch bei diesem prächtigen Neubau nur notdürftig gesorgt. Das Fehlen einer selbständigen Treppenanlage ist aber durch den Umstand entschuldbar, daß, wie bereits erwähnt, der ganze verfügbare Raum des Erdgeschosses zur Kapelle benutzt wurde. In der Hauptsache mußte die in der Nordwestecke gelegene Wendeltreppe des Frauenzimmerbaues den Verkehr bewältigen. Außerdem führte noch die in der nordöstlichen Ecke gelegene Treppe von der Kapelle aus nach oben, wahrscheinlich aber zunächst nur bis zum ersten Stock, direkt in die Wohngemächer des Kurfürsten. Dabei ist aber nicht zu übersehen, daß für genügende Verbindungen mit dem anstoßenden Gläsernen Saalbau gesorgt war und dessen Treppenturm somit auch für den Friedrichsbau mitbenutzt werden konnte.

Der Friedrichsbau ist durch Karl Schäfer einer vollständigen Erneuerung unterzogen worden, die sich nicht nur auf eine Erhöhung des Daches und auf durchgängigen Ersatz der schadhaften Zierstücke und Quader am Äußeren, sondern auch auf einen vollständigen Ausbau des Inneren erstreckt hat. Beide Obergeschosse sind im Stil der Zeit um 1600 wiederhergestellt und mit neuen Balkenlagen und Zwischenwänden versehen worden. Reich verzierte Intarsientüren mit kunstvollen Schlössern, in üppigsten Farben prangende Stuck- und kraftvoll profilierte Holzdecken schmücken Korridore und Zimmer. Alles beste Erzeugnisse des deutschen Handwerks um 1900. Die Möbel, Öfen u. a. wurden zum Teil angefertigt, zum Teil angekauft oder aus Sammlungen überwiesen. Das im ersten Obergeschoß (am östlichen Ende des Ganges) angebrachte Türgestell flämischer Arbeit (Colin) ist aus dem Ottheinrichsbau hierher versetzt worden.

Auch die Kapelle im untersten Stock erscheint in völlig erneuerter Gestalt. Bei der Renovierung der Empore ist jener Fensterfund gemacht worden, dessen Bedeutung für die Geschichte des Schlosses bereits gewürdigt worden ist. Jetzt beherbergt der weite Raum die Götzschen Originalstatuen, die durch Kopien Karlsruher Meister aus Maulbronner Keuper ersetzt worden sind. Da von der alten Ausmalung (wenn eine solche überhaupt vorhanden war) Spuren unter der Tünche nicht zutage getreten sind, ist die jetzige derbe, aufdringliche Ausmalung der Kapelle ebenso wie die gesamte Einteilung, Ausstattung und Bemalung der beiden Obergeschosse als selbständige Kunstleistung Schäfers zu betrachten.

Die Schäfersche Wiederherstellung hatte das Bild des Friedrichsbaues auch im Äußeren so verändert, daß der ganze Palast jetzt fast wie ein Neubau wirkte und deshalb aus dem Rahmen des Ganzen störend herausfiel. Mittlerweile ist glücklicherweise unter dem Einfluß der Witterung der Eindruck des Neuen bereits wesentlich gemildert worden. Im Ersatz der Skulpturen und der schadhaften Quader ist man reichlich weitgehend verfahren. Immerhin ist zu bedenken, daß der Bau keine Ruine war und nach dem ursprünglichen Plan die Städtischen Sammlungen, die vorher dort untergebracht waren, wieder hätte aufnehmen sollen, während er jetzt mit seinen neuen Prunkräumen zwecklos dasteht. Kaum zu rechtfertigen dürfte jedenfalls die Aufbringung der Schornsteine sein, die keine Röhren haben, sondern auf dem Dachgebälk aufsitzen. Die großen reichen Kamine in den Prachtgemächern sind ohne Abzug und erscheinen nur als Schmuckstücke.

In neuester Zeit (Juni 1954) wurde das Innere der früheren Wohnräume umgestaltet. Das Badische Bezirksbauamt ersetzte die allzu bunte Bemalung der Wände, die seit 50 Jahren die Besucher gestört hatte, durch feingetönte Farben. Das Kurpfälzische Museum stellte aus seinen Beständen Ahnenbilder der Kurfürsten zur Verfügung, und das Landesmuseum in Karlsruhe Anm. 16 siehe S. 99

übersandte aus dem 17. und 18. Jahrhundert stammende Möbel, Wandteppiche und Vitrinen mit wertvollen Schmuckstücken. So wurden die beiden Obergeschosse endlich ein harmonisches Ganzes. Sie entsprechen damit der Bestimmung Friedrichs IV., daß sein Haus nicht nur dem Gottesdienst, sondern auch „behaglicher Wohnlichkeit" dienen und mit den Bildern seiner Vorfahren geschmückt werden solle. Die erwähnte Bauinschrift über dem Durchgang lautet:

FRIEDERICUS COMES PALATINUS
RHENI S. ROM. IMPERII ELECTOR
DUX BAVARIAE HOC PALATIUM
DIVINO CULTUI ET COMMODAE
HABITATIONI EXSTRUENDUM ET
MAJORUM SUORUM IMAGINIBUS
EXORNANDUM CURAVIT ANNO
DOM. MDCVII.

Nicht der Friedrichsbau, sondern der ältere Ottheinrichsbau gilt von jeher als der Liebling des kunstsinnigen Publikums. Da ist es eines der vielen Verdienste Lübkes, auch dem jüngeren Rivalen, dessen Stil Leger nach 1815 als „schlecht" bezeichnet hatte, zu seinem Recht verholfen zu haben. Es möchte wenige Beispiele in der Geschichte der Architektur geben, an denen man die geniale Verarbeitung eines gegebenen Vorbildes im großen Stil besser studieren könnte als an diesen beiden Hauptbauten des Heidelberger Schlosses. Denn daß Schoch den älteren Bau zum Vorbild genommen hat, ist längst erkannt worden und an zahlreichen Einzelheiten und am Gesamtbau leicht zu beweisen. Ein Vergleich beider Bauten möge ihre baukünstlerischen Vorzüge und Nachteile ins rechte Licht setzen. Wie verschieden sind zunächst die Verhältnisse des Geländes, auf denen sie stehen, wie ungleich günstiger liegen sie beim Ottheinrichsbau! An einer der höchsten Stellen des Schloßhofes erhebt sich der Palast Ottheinrichs majestätisch und beherrschend auf seinem hohen Unterbau, von überall her sichtbar. Dagegen erscheint der an einer der tiefsten Stellen des Schloßhügels errichtete Bau Friedrichs IV. wie in die Erde versunken. Die untersten Teile der Fassade sind dem Auge des Fernerstehenden völlig verdeckt, und man hat das Gefühl, als ob man den ganzen Bau am Schopfe packen und auf das Niveau des Hofes emporheben sollte. Damit hängt der Unterschied in der künstlerischen Gestaltung des Haupteinganges zusammen. Dem mächtigen Triumphtor des Ottheinrichsbaues entspricht am jüngeren Palast eine zwischen die Pfeiler eingezwängte Tür mit einer Tafel darüber und der Inschrift in hebräischer und lateinischer Sprache: „Das ist das Tor des Herrn; die Gerechten werden dahin eingehen. Ps. 118,20." Es hatte keinen Sinn, tief unten neben dem Zugang zum Hofkeller eine Prachttür zu errichten, die man vom Hofe aus doch nur in den obersten Teilen gesehen hätte, während das Portal des Ottheinrichsbaues schon wegen seiner erhöhten Lage eine reichere Ausbildung verlangte.

Der Hauptvorzug der weltberühmten Fassade des Ottheinrichsbaues liegt einerseits in der klaren, übersichtlichen Gliederung der Fläche, sowohl in horizontaler wie in vertikaler Richtung, anderseits in dem Reiz der plastischen Details. Die Mauerfläche als solche gelangt zu berechtigter Wirkung, und das Auge gleitet befriedigt über die angemessen verteilten Einzelheiten hin. Da jedem Bauteil der gehörige Spielraum gegeben wurde, ist die Wirkung ruhig und vornehm. Eine vollendete Harmonie der Formen, trotz aller Verstöße gegen die strengen Gesetze der Antike, eine wohltuende Übersichtlichkeit kennzeichnet das Ganze. Anders der Bau Friedrichs IV. Hier ist alles Bewegung und Kraft. Das konstruktive Prinzip der Gotik erscheint neu erstanden; der rhythmische Wechsel zwischen stützenden und füllenden Bauteilen beherrscht den Gesamteindruck. Statt der Pilaster und Halbsäulen am Ottheinrichsbau, die sich gegen glatt durchgehende Gesimsbänder totlaufen, sind derbe Pfeilermassen — nach dem üblichen Vitruvianischen Schema: unten in toskanischer, darüber in dorischer, dann in jonischer und schließlich, bei den Zwerchhäusern, in korinthischer Ordnung detailliert — von unten bis oben durchgeführt; um diese kröpfen sich die Gesimsteile in energisch vortretenden Kanten herum. Die Folgen hiervon sind einerseits ein Überwiegen des Vertikalismus, anderseits eine Steigerung der Schattenwirkung und damit des Eindrucks nach der Seite des Kraftvollen und Mächtigen hin.

Am auffallendsten weicht die Formenbehandlung beider Bauten voneinander ab. Am Ottheinrichsbau maßvolle antikische Ornamentik, die ihre Vorbilder aus den besten Denkmälern oberitalienischer Frührenaissance genommen hat, am Friedrichsbau im Geiste der damals bei uns herrschenden Geschmacksrichtung aufdringliches Kartuschen- und Volutenwerk und zahlreiche Motive, die ihre Herkunft aus den Werkstätten der Schmiede, Tischler und Sattler nicht verleugnen. Am Bau Ottheinrichs sind die Details gewissermaßen organisch den einzelnen Bauteilen zu ganz bestimmtem Ausdruck an hergebrachten Stellen angefügt, am Friedrichsbau meist willkürlich den Flächen und Profilen vorgeheftet und noch dazu in solcher Fülle verwendet, daß der ohnehin unruhige Eindruck dadurch noch vermehrt wird. Besonders unschön wirkt in dieser Hinsicht das auf den Schrägen der Fenstergiebel lagernde Rollwerk; überladen sind aber auch die stark verjüngten Pfeiler mit den Fruchtschnüren zwischen Löwenköpfen oben am Halse und mit dem Kartuschenwerk an und über den Postamenten. Offenbar wollte Friedrich IV. seinen Bau an Reichtum figürlichen Schmuckes nicht hinter dem Palast Ottheinrichs zurückstehen lassen.

Die Glanzstücke des Friedrichsbaues sind aber die kraftvollen, lebensechten Standbilder, die ursprünglich nur die Nischen füllen sollten, dann aber dem ganzen Bau das Gepräge gaben. Welchen Gegensatz bilden sie zu den kraftlosen Figuren des Ottheinrichsbaues, unter denen einige recht unglücklich ausgefallen sind, besonders die Venus, die allen Reizes bar, in nüchternster Auffassung erscheint; nicht minder verfehlt ist der trübselig dreinschauende Kriegsgott. Im allgemeinen stört bei der ganzen Bilderreihe des Ottheinrichsbaues, abgesehen von dem mangelnden Ausdruck in den Gesichtern, die stetige Wiederkehr der Spielbeinstellung und das häufige Vorkommen der seitlichen Kopfneigung. Auch der Faltenwurf ist im ganzen schematisch behandelt. Von dieser erstarrten Form der Gestaltung hat sich der ein halbes Jahrhundert später auftretende Meister aus Chur freizuhalten gewußt.

Faßbau

Der im Norden an den Hauptkeller des Frauenzimmerbaues sich anschließende Raum gehört unstreitig zu den besuchtesten Teilen des Schlosses. Hier unten ruht das berühmte Große Faß, einst, wie heute, die „Hauptsehenswürdigkeit" des Schlosses. Es wird in Bild und Lied seit Jahrhunderten gefeiert.

Als Johann Kasimir, der 1583—1592 an Stelle seines unmündigen Neffen Friedrich die Herrschaft in Kurpfalz führte, gegen Ende seiner Regentschaft den Entschluß faßte, gewissermaßen als Wahrzeichen der fröhlichen Pfalz ein gewaltiges Faß zu bauen, „wie keines noch auf Erden", ergab sich die Notwendigkeit eines Neubaues, in dem das etwa 130 000 Liter fassende Meisterstück des Michael Werner von Landau Unterkunft finden sollte. Der Bau Johann Kasimirs ist dreistöckig. Das unterste, durch eine Quermauer geteilte Geschoß liegt ebenerdig mit dem Planum der Großen Batterie und scheint mit dieser in direkter Verbindung gestanden zu haben. Der Weg in den mittleren Stock, den eigentlichen Faßraum, führt uns an der Südfront des Friedrichsbaues wieder abwärts durch den uns schon bekannten Keller des Frauenzimmerbaues. Wir steigen eine breite Stiege von 18 Stufen hinab und stehen staunend vor dem hölzernen Ungetüm, das für den 9,67 m hohen Raum viel zu groß geraten ist, so daß es Wände und Tonnengewölbe mit seinem Riesenleibe auseinanderzusprengen scheint. Von den 13 Fenstern, die einst diesen Bau erhellten, ist seit Errichtung des Altans und des Englischen Baues nur noch ein kleiner Teil unvermauert erhalten.

Das heutige Große Faß (das dritte an dieser Stelle) ließ Karl Theodor von Johann Jakob Englert 1750 erbauen, als das zweite schadhaft geworden war. Es ist noch größer als die früheren Fässer: 7 m breit, $8^1/_2$ m lang, faßt beinahe 222 000 Liter und wird von mächtigen eichenen Balken gehalten. Als einzigen Schmuck trägt es das Monogramm Karl Theodors mit dem Kurhut. Vor dem Faß liegt ein reifenloses Zwergfaß, an der Wand hängt Arbeitsgerät der Faßbauer. Die Holzfigur Perkeos ist eine Nachbildung aus jüngerer Zeit.

Das 1589—1592 erbaute Faß Johann Kasimirs, das gewaltiges Aufsehen erregte und mehr bewundert wurde als das Schloß, ging während des Dreißigjährigen Krieges zugrunde, das morsche Holz wanderte in die Biwakfeuer der Soldaten. Der sonst so sparsame Karl Ludwig ließ 1664 als Sinnbild des Weinsegens von tüchtigen Heidelberger Handwerkern unter Leitung des Hofkellermeisters Johannes Meyer ein neues Faß bauen, das 195 000 Liter faßte und im Orléansschen Krieg unbeschädigt geblieben ist. Dieses reich verzierte Faß wurde 1727 durch Karl Philipp erneuert und der Obhut des witzigen, trinkfesten Zwerges Clemens Perkeo übergeben, den Karl Philipp aus Innsbruck, wo er vor seiner Thronbesteigung kaiserlicher Statthalter von Tirol gewesen war, als Hofnarren mitgebracht hatte. Im Vorkeller liegt neben einem kleineren ein „großes" Faß mit der Jahreszahl 1662 und dem Pfälzer Wappen.

Das oberste, gleichfalls nur einen Raum bildende Geschoß liegt im Niveau des anstoßenden Königssaales und ist nur von diesem aus durch eine breite, rundbogige Öffnung zugänglich. Vier auf einem Mittelpfeiler ruhende gotische Sterngewölbe überdeckten einst diese schöne Halle; je zwei in den freistehenden Seiten angebrachte große, dreiteilige Fenster ließen reichliches Licht herein. Zwei von diesen wurden zugemauert, als Friedrich V. bald darauf seinen Palast an der Westseite anbaute, das eine ist aber wieder durchgebrochen und ebenso wie die übrigen mit Pfosten und Maßwerk vermutlich in den alten Formen wiederhergestellt worden. Die für einen Profanbau ungewöhnliche, mehr bei Kirchen übliche Form der noch dazu mit bunter (stilloser) Verglasung versehenen Fenster mag die Veranlassung sein, daß dieser oberste Raum schon im 17. Jahrhundert fälschlich als „kleine Kapelle" bezeichnet wurde, so wenig kirchlich er auch sonst erscheint. Schon die Nachbarschaft eines Faßkellers unten, eines Festsaales und später einer Werkstatt dicht daneben läßt den Gedanken an eine Benutzung zum Gottesdienst als unsinnig erscheinen. Dieses Geschoß war die „Anrichte", in der durch eine Öffnung im Boden mittels einer Faustpumpe der Wein aus dem darunterliegenden Faß in den festlichen Bankettsaal hochgetrieben wurde; an der Wand ist noch ein Teil der Röhrenleitung zu sehen. Störend wirkt der große, vor den Wänden vorspringende weite Hausteinbogen in der Nähe des Eingangs, der in roher Weise die Rippen und Kappen des Sterngewölbes durchschneidet und erst eingefügt worden ist, als es sich darum handelte, für den oberhalb des Faßbaues emporragenden Teil der in der Front des Friedrichsbaues zu errichtenden neuen Fassade des Frauenzimmerbaues eine entsprechende Unterstützung zu schaffen. Der Bau hatte ein flaches Dach, schon mit Rücksicht auf die oberen Fenster des Frauenzimmerbaues, denen sonst Luft und Licht genommen wäre. Der den Faßbau abschließende, von einer Balustrade umschlossene kleine Altan wurde im Orléansschen Kriege zerstört, ist aber in neuerer Zeit wiederhergestellt worden.

Die Damen des Hofes konnten vom ersten Obergeschoß des Friedrichsbaues aus den Altan betreten und hier oben die herrliche Aussicht genießen. — Fragen wir uns, was wohl den Bauherrn oder dessen Baumeister veranlaßt haben mag, während der Herrschaft des üppigsten Renaissancestiles in Deutschland hier einen Bau mit gotischen Sterngewölben und Maßwerkfenstern zu errichten, so erscheint wohl als Hauptgrund die Rücksichtnahme auf die Stilformen des älteren Baues, an den sich der Faßbau anlehnte. Wir müssen uns dabei vergegenwärtigen, daß die jetzt den gotischen Faßbau flankierenden Renaissancebauten — westlich der nüchterne Friedrichs V., östlich der üppige Bau Friedrichs IV. — damals noch nicht vorhanden waren, daß an Stelle des Friedrichsbaues vielmehr die alte Kapelle stand, die eine ausgeprägte Gotik gezeigt haben wird. Derartige Beweise von Stilgefühl sind in jeder Periode durchaus nicht selten. Leider ist es in diesem Fall wegen der Erneuerung der Fenster nicht mehr nachzuweisen, in welcher Weise sich der Baumeister mit den aus der Übung gekommenen Kunstformen abgefunden hat; meistens sind diese nachgeborenen Werke an dem Unverständnis in der Zeichnung und an der Unbeholfenheit in der Technik leicht als solche zu erkennen.

Altanbau

Durchschreiten wir den mit Kreuzgewölben bedeckten Durchgang im Friedrichsbau, so gelangen wir auf den Altan, der vom Friedrichsbau durch einen über 8 m breiten Zwischenraum getrennt ist. In diesen mündet der von der Stadt den „Burgweg" herauf- und unter dem Altan hindurchführende nördliche Zugang zum Schloß.

Der Altanbau setzt sich, wie die Untersuchungen des Schloßbaubüros zum ersten Male mit Sicherheit nachgewiesen haben, aus zwei Teilen zusammen: einer östlich gelegenen, wahrscheinlich schon während der Regentschaft Johann Kasimirs entstandenen Torburg und der westlich sich anschließenden Halle Friedrichs IV.

Die Torburg besteht in beiden Geschossen aus je zwei nach außen mit Schießlöchern versehenen Räumen. Das untere Geschoß liegt in der Höhe des Planums der Großen Batterie, durch zwei Torbogen und ein Tor des oberen Teiles führt der Fußgängerweg zum Schloß. Der Altanbau Friedrichs IV. schließt sich unmittelbar in derselben Front an den runden westlichen Abschluß der Torburg an und besteht aus einem gewölbten offenen Unterbau mit einer geräumigen Durchgangshalle darüber. Zu dieser gelangen wir auf dem erwähnten, an der Front des Friedrichsbaues herabführenden breiten Weg. Der weite Raum, dessen oberes Ende wegen der Steigung des Bodens weit niedriger ist als der untere, ist mit rippenlosen Kreuzgewölben überdeckt und an der Nordseite mit großen, rundbogigen Öffnungen versehen, die eine Reihe reizvoller Durchblicke auf die andere Seite des Tales gewähren. Die Basen und Kapitelle der stämmigen Halbsäulen, die den Kreuzgewölben zur Stütze dienen und — der ansteigenden Bodenlinie entsprechend — gleichfalls nach Westen zu immer niedriger werden, zeigen derbe antikische Formen, die obere Tür hat sogar eine Rustika-Umrahmung, während an den Toren im vorderen Teil der ehemaligen Torburg trotz des Rundbogens spätgotische Profilierung herrscht und die Kreuzgewölbe mit kräftigen Rippen und Schlußsteinen versehen sind. Der notdürftig erhellte Raum im Süden neben dem Durchgang der Torburg und die beiden sich westlich an die Halle anschließenden, aber von dieser nicht direkt zugänglichen Räume mögen als Wachtlokale gedient haben. Von ihnen aus sollte der Durchgang in der Halle mittels Handfeuerwaffen bestrichen werden, wie die zwischen zwei Fenstern vorhandenen Schießscharten beweisen.

Über Torburg und Altanbau zieht sich oben die geräumige Terrasse, der Altan, hin, von dem aus man die vielbewunderte Aussicht auf Berge, Stadt und Fluß genießt. An den äußeren Ecken des Altans springen offene Erker vor, die von Koch und Seitz mit Recht für ursprünglich gehalten werden, während Leger der Ansicht war, daß sie erst unter Karl Ludwig an Stelle früherer sechseckiger Ausbauten errichtet worden seien.

Den Hauptanziehungspunkt für uns bietet von hier aus der Anblick des Friedrichsbaues, des ersten Schloßgebäudes, das auch eine Schauseite nach Norden aufweist, während vorher der Schwerpunkt der architektonischen Ausbildung nur auf die Hofseite gelegt wurde. Auf hohem, ungegliedertem und nur durch die Kellerlöcher durchbrochenem Unterbau steigt der Bau Friedrichs IV. kraftvoll aus der Tiefe empor. Die Nordseite entspricht der Südseite, ist aber schlichter, ruhiger, derber, ohne Standbilder (außer auf und zwischen den Zwerchhäusern, hier: „Herbst", „Gerechtigkeit", „Winter"), mit vier Wappen, neun Ziertafeln und neun verschiedenartigen, sehr ausdrucksvollen Löwenköpfen geschmückt. Der Baugedanke kommt hier klarer und übersichtlicher zum Ausdruck als auf der Hofseite; auch die plastischen Zutaten, zumal die herrlichen Löwenköpfe und Ziertafeln des Sebastian Götz, treten hier wirksamer in die Erscheinung, und zwar nicht nur, weil man ihnen von der Terrasse aus in geeigneter Weise gegenübersteht, sondern besonders auch, weil das Auge nicht durch die Überfülle plastischen Schmuckes, wie an der Hofseite, beunruhigt wird.

Vom Altan aus überblicken wir die Rückseite auch der anderen nördlichen Schloßbauten. In der Nordostecke erhebt sich der Glockenturm, der baugeschichtlich zu den interessantesten Teilen des Schlosses gehört. Es ist ein besonderes Verdienst des Schloßbaubüros, durch eingehende Untersuchungen hier endlich Klarheit geschaffen zu haben. Zweifellos fällt die Errichtung des untersten, runden Teiles, der von einem gewaltigen Kuppelgewölbe überspannt ist, in dieselbe Zeit wie die Anlage der doppelten Ringmauer und der übrigen Flankierungstürme, also etwa in den Anfang des 15. Jahrhunderts. Ein spitzes Zeltdach wird den Turm gekrönt und ein breiter Umgang, der auf den noch vor der Regierungszeit Ludwigs V. angefügten drei Pfeilervorlagen ruhte, ringsherum geführt haben.

Die nächste eingreifende Veränderung nahm Ludwig V. vor. Durch Errichtung des Zeughauses, der großartigen Eckbastion unmittelbar davor, war diese Schloßecke so gestärkt, daß der obere Teil des Turmes unbedenklich für Wohnzwecke in Anspruch genommen werden konnte. Die alte Dachkonstruktion wurde abgetragen, das Mauerwerk entsprechend erhöht und das neue Zeltdach aufgebracht, das auf dem Münsterschen Stich dargestellt ist.

Eine dritte Bauperiode beginnt mit Friedrich II. Wie Leodius bestätigt, nahm dieser wieder die obersten Teile weg, erhöhte zunächst den runden Teil um eine Stockwerkshöhe und führte darauf einen zweistöckigen, im Äußeren achteckigen Oberbau mit wesentlich geringerer Wandstärke auf. Hierdurch entstand ein äußerer Umgang um den Fuß des achteckigen Teiles herum, der durch eine Brustwehr geschützt wurde. Ein Zeltdach mit hohem, laternenartigem Aufsatz, in dem die von Leodius erwähnte weithin schallende große Glocke untergebracht war (um 1550, daher der Name „Glockenturm"), krönte den nunmehr aus einem gewölbten Untergeschoß und vier durch Holzdecken getrennten Obergeschossen bestehenden Bau.

Die letzte Umänderung erfolgte unter Friedrich IV. Abermals wurden zwei neue achteckige Stockwerke aufgesetzt, doch so weit nach innen hineingerückt, daß ein zweiter äußerer Umgang entstand und nur ein Teil der neuen Umfassungswände auf dem älteren Mauerwerk Auflager fand. Die entstehende Schwierigkeit beseitigte man dadurch, daß sämtliche Zwischendecken entfernt und eine aus kräftigen Pfeilervorlagen bestehende innere Schale vorgemauert wurde, die teils den neu eingefügten Gewölben, teils den oben erwähnten Aufsatzmauern zum Auflager diente. Um auch in der Mitte einen Stützpunkt für die Gewölbe zu haben, wurde ein neuer, mächtiger Schlußstein in das Kuppelgewölbe des untersten Geschosses eingefügt und auf diesem ein viereckiger Pfeiler errichtet, der durch die vier mittleren Stockwerke hindurchreichte. Absätze an diesem ermöglichten das Auflagern der Balkendecken, die über dem ersten und dritten Geschoß lagen, so daß also nur das zweite und vierte Geschoß ringförmig mit Kreuzgewölben um den Mittelpfeiler herum versehen waren. Der zweigeschossige, neu aufgesetzte Teil erhielt hölzerne Zwischendecken und als Abschluß, wie auf den Merianschen Stichen zu sehen ist, ein kuppelartiges, plumpes Dach mit einer Laterne darauf. Hand in Hand mit dieser Vergrößerung ging natürlich die entsprechende Höherführung des Treppenturms an der Westseite.

Das im Dreißigjährigen Krieg beschädigte Dach ersetzte Karl Ludwig nach Abbruch des obersten Stockwerks durch jene noch häßlichere welsche Haube, die auf der Krausschen Ansicht des Schlosses von Norden dargestellt ist. Nachdem der Turm 1689 den Sprengungsversuchen der Franzosen erfolgreichen Widerstand geleistet, schließlich aber das Schicksal der übrigen Schloßbauten geteilt hatte, vernichtete der Blitzschlag des Jahres 1764 auch die zuletzt noch unter Karl Philipp erfolgten Ausbesserungen und schuf die Ruine, die wir heute vor uns sehen.

Hier sei noch der eigentümliche Steinring erwähnt, der sich etwa 4 m über dem Boden um den Glockenturm herumzieht. Er besteht aus zwei in der Mitte hakenförmig unterschnittenen Quaderreihen, die mit ihren Vorsprüngen übereinander weggreifen und dadurch eine Verklammerung rings um den Bau bilden. Obwohl die Spannkraft dieses Ringes durch die Herumführung auch um den Treppenturm unterbrochen und die Zugfestigkeit des Sandsteins nur sehr gering ist, kann man sich der Annahme doch kaum verschließen, daß es sich hier um eine Art steinernen Zugankers handelt, der den von dem mächtigen Kuppelgewölbe des Innern ausgehenden Schubkräften entgegenwirken sollte.

Rechts vom Glockenturm steigt die Nordseite des Gläsernen Saalbaues schmucklos und einförmig vier Stockwerke hoch empor. Die Änderungen, die unter Karl Ludwig im Innern vorgenommen wurden, lassen sich auch hier außen erkennen, da auch die Fenster damals teilweise erneuert und den veränderten Stockwerkshöhen angepaßt worden sind. So zeigen die beiden obersten Fensterreihen große, rundbogig geschlossene Öffnungen; darunter folgen kleine, quer gelegte viereckige Fenster, die dem zugunsten des darüberliegenden verkleinerten zweiten Geschosse angehören. Nur die zweiteiligen, geradlinig geschlossenen Fenster des Erdgeschosses sind noch die ursprünglichen, sitzen aber mit den oberen nicht in der Achse. Außerdem werden in der Kellermauer drei ungleiche, teilweise nachträglich vergrößerte Öffnungen sichtbar. Von ganz besonderer Bedeutung ist das kleine Schlitzfenster im Erdgeschoß rechts, östlich vom Durchgang. Bei genauem Hinsehen entdecken wir zwei weitere, die zugemauert sind. Offenbar handelt es sich hierbei um Überreste desselben spätromanischen oder frühgotischen alten Bauwerks, von dem das wiederholt genannte dreiteilige Fenster in der Giebelwand herrührt; somit erscheint auch die Nordwand des Erdgeschosses als ein Teil des von Leodius erwähnten Jettaheiligtums.

Ein mächtiger Strebepfeiler wurde zur Versteifung der Nordwand des Gläsernen Saalbaues an der Anschlußstelle der inneren Umfassungsmauer des Zeughauses (nach Metzger: 1718 unter Karl Philipp) vorgelegt.

In traurigem Gegensatz zu der einheitlichen Prachtfassade des Friedrichsbaues steht die geflickte Nordseite des Frauenzimmerbaues rechts daneben. Besser als im Innern läßt sich hier außen die vorgenommene Veränderung der einstigen Nordfront erkennen. Das Mauerwerk des ehemals weit vorspringenden Erkers hebt sich noch deutlich ab, man sieht die seitlichen Begrenzungslinien seiner spitzbogigen Fenstergruppe auf dem von einer Bogenstellung gebildeten Unterbau. An die westliche Seite des ehemaligen Erkers ist der Faßbau angeschoben, dessen obere Halle von dem erwähnten großen Stützbogen durchschnitten wird. Auf dem so geschaffenen Unterbau im Erdgeschoß wurde dann die Obermauer bis an die Mauer des Faßbaues durchgehend in zwei Geschossen neu errichtet. Nur ein kleiner Teil des zweiten Stockwerks mit zwei geradlinig geschlossenen Fensterhöhlen ist noch vorhanden und ragt mit reizvoller Silhouette empor. Über das Dach des Faßbaues schräg hinweg schauen die östlichen Abschlußteile des Englischen Baues herüber. Die Tür rechts, am westlichen Ende des Altans, führt an Stelle eines ehemaligen Fensters in den Raum des Großen Fasses.

Westlich davon erhebt sich der Faßbau Johann Kasimirs. Auch hier ist im ganzen von äußerer architektonischer Durchbildung kaum eine Spur vorhanden. Einfache Gurtgesimse trennen die Stockwerke, ein kräftiges Hauptgesims bildet den Abschluß. Die Hauptzierde bilden die oben besprochenen großen Maßwerkfenster des obersten Geschosses. Im übrigen sind nur glatte Putzflächen vorhanden, aus denen im Norden und Osten je ein Löwenkopf in halber Höhe auf einer Konsole hervorragt.

Der Zweck dieses plastischen Schmuckes ist nicht recht einzusehen. Die Öffnung der Mäuler setzt sich durch die Mauer hindurch fort, und der Gedanke liegt nahe, daß sie zur Ventilation des Faßbaues gedient haben, trotz des viel zu geringen Querschnitts, der noch dazu häufig genug verstopft gewesen sein mag. Möglicherweise sind aber auch Reste jener Wasserkunst darin zu erkennen, die wohl niemals vollendet wurde, uns aber im Projekt wenigstens auf der Gesamtansicht des Ulrich Kraus erhalten ist. Die große Öffnung, mit der sich einst der vordere Teil des untersten Geschosses des Faßbaues nach der Großen Batterie hin öffnete, erscheint vermauert. — Am Fuß der Westmauer des Altans ist eine Gedenktafel eingemauert. Der englische Oberststatthalter in schwedischen Diensten Fulko Hounks hat sie seinem Freund und Waffengefährten, dem Wachtmeister Abraham Meppel, setzen lassen, der hier am 3. Juni 1635 gefallen ist, als die Bayern vom Heiligenberg aus Stadt und Schloß beschossen*.

---

* Karl Otto Frey, „Heidelberger Fremdenblatt" 1951, 18.

Von der nördlichen Fassade des Englischen Baues sind nur noch der hohe Unterbau mit den rundbogigen Fenstern und über dem abschließenden Fußgesims ein Stockwerk mit acht Fenstern zwischen neun Pilastern erhalten. Mit Hilfe alter Abbildungen sind wir jedoch in der Lage, uns das ehemalige Aussehen zu ergänzen. Die sich gleichmäßig verjüngenden Pilaster reichten durch beide Stockwerke hindurch und trugen als Hauptgesims ein dorisierendes Gebälk. Zwischen ihnen lagen, durch einen Gurt getrennt, die acht Fenster jedes der beiden Geschosse, aufs einfachste umrahmt, aber mit hervortretenden Fuß-, Kämpfer- und Scheitelsteinen versehen. Den Abschluß bildeten zwei Zwerchhäuser mit geschweiften Giebeln, auf deren Ecken und Spitzen hohe Obelisken standen. Im übrigen fehlen dekorative Zutaten vollständig.

Die Reihe beschließt als nordwestliches Gegenstück des Glockenturms die Ruine des gewaltigen, ausgehöhlten Dicken Turms, den wir vom Stückgarten aus näher betrachten werden.

Die ehemalige Befestigungslinie der Nordseite, der Nordwall, wurde durch diese Bauten in erheblichem Maße durchbrochen. Als Ersatz sollte die Große Batterie gelten, die weit nach Norden vorgeschoben war, das rechte Neckarufer und die gegenüberliegenden Höhen beherrschte, aber offenbar niemals recht ausgebaut worden ist. Wir blicken vom Altan aus in den Altangarten hinunter, der auf der Stelle der Großen Batterie angelegt wurde.

Östlich an den Altan stößt ein nur noch in den Resten seiner Umfassungswände vorhandenes Bauwerk, das von seiner späteren Benutzung her den Namen „Zeughaus" führt. Sein Urheber ist Ludwig V., der die Notwendigkeit erkannt haben mochte, die Nordostecke des Schlosses mit einer stärkeren Befestigung, als sie der Glockenturm bot, zu versehen. Wegen der Steilheit des Berghanges an dieser Stelle wurden nach Norden zu die hohen Untermauern erforderlich, an denen jetzt zum Teil der Weg durch die Altanhalle und die Torburg entlangführt. Die Anlage war zweigeschossig, und die unregelmäßig, bastionsartig gebrochene Grundrißform ermöglichte aus dem unteren Geschoß eine Geschützwirkung, aus dem oberen eine Bestreichung mit Handfeuerwaffen nach allen Seiten hin. Ein steiles, den Knicken der Umfassungswände folgendes Satteldach bedeckte das langgestreckte Bollwerk. Die Art des Mauerwerks ähnelt dem der Mauerteile am Schloß aus dem 15. Jahrhundert in auffälliger Weise. Wir sehen dieselben mit der Zange versetzten, unregelmäßigen großen Blöcke, wie sie am Unterbau der Ostfront des Ottheinrichsbaues verwendet waren, und die Frage drängt sich unwillkürlich auf, ob nicht schon einer der Vorgänger Ludwigs V. mit der Errichtung dieses Bollwerks begonnen habe. Auch das Vorhandensein der Buckelquader, die bei Bauten Ludwigs V. nur selten vorkommen, würde hierfür sprechen. Dagegen ist der Oberbau schon allein an der Form der Schießscharten als Werk dieses Fürsten zu erkennen.

Wir sehen vom östlichen Altanerker aus auch auf die Trümmer der Karlsschanze hinunter. Die Erfahrungen des Dreißigjährigen Krieges mochten bereits Anlaß gegeben haben, an eine weitere Verstärkung der Nordostecke der Festung zu denken, aber erst Karl Ludwigs Nachfolger Karl ließ 1681 das von Friedrich IV. am Fuß des Zeughauses errichtete Ballhaus (zum Ballspielen) abbrechen und an dessen Stelle ein neues, in drei Plateaus übereinander erbautes Bollwerk, die nach ihm benannte weit vorspringende Karlsschanze mit dem Karlsturm errichten. Wenige Jahre später, und als der ersten eines, wurde auch dieses Bauwerk in Trümmer gelegt.

Der Zugang zum Vorhof, dem untersten Plateau der Karlsschanze, führte von der Stadt aus, am Ende des Burgweges, einst über eine Zugbrücke, an deren Stelle jetzt einige Treppenstufen angebracht sind. In der Außenmauer des Vorhofes sehen wir eine Reihe Schießscharten für Geschütze. Auf dem darüber entlanglaufenden Mauergang steht noch das steinerne Schilderhaus, das bereits auf dem Krausschen Stich erscheint. Der östlich an den Vorhof grenzende, durch einen gebrochenen Mauerzug abgetrennte Teil der Schanze war, dem Abfall des Bodens entsprechend, mehrgeschossig angelegt und mit einer doppelten Reihe von Schießlöchern versehen. Ein heute halb verschüttetes und vermauertes großes Tor führte zu dem im unteren Teil dieser Schanze nach dem Karlsturm sich erstreckenden Gang. Prunkhaft erscheint über dem Scheitel des Flachbogens, von allerlei Armaturen umgeben, das kurfürstliche Wappen mit der Jahreszahl 1683 und dem Bande des Hosenbandordens, den Karl kurz zuvor erhalten hatte.

Der gleichfalls nur noch in Resten vorhandene Karlsturm, der mit dem obersten Plateau der Karlsschanze in Verbindung stand, erhob sich als fünfgeschossiger Batterieturm am nordöstlichen Abschluß der Schanze etwa bis zur Höhe des Niveaus der Großen Batterie. Er war mit Quadern bekleidet und enthielt unterhalb des Hauptgesimses eine Tafel mit der Aufschrift „Oppugna oppugnatores meos“ („Greife meine Angreifer an“) und der Jahreszahl der Vollendung der Anlage, 1683. (Grundsteinlegung 1681.) Ein abgestumpftes Kegeldach bildete den Abschluß. An den Karlsturm schloß sich die vom „Obertor“ schräg heraufsteigende Stadtmauer an, wie denn überhaupt diese ganze neue Befestigung des Schlosses wesentlich zur Verteidigung der Ostseite der Stadtbefestigung mit bestimmt war.

Die unterste Stützmauer, an der entlang der Burgweg sich von der Stadt aus steil zur Karlsschanze hinaufzieht, rührt, einer Inschrifttafel zufolge, von Friedrich II. (1552) her. Die beigefügten Buchstaben D. C. V. sind richtig auf den Sinnspruch dieses Fürsten „De Caelo Victoria“ gedeutet worden. Drei weitere Tafeln verkünden die Erneuerungen des Weges unter Karl Ludwig (1651), Karl Theodor (1751) und Karl Friedrich (1805). Im oberen Teil des Burgweges finden sich mehrere bearbeitete Architekturteile von spätromanischem Gepräge eingemauert, auf die Schäfer zuerst hingewiesen hat. Er hält auch sie für Reste desselben Palas, dem die mehrfach erwähnte Fenstergruppe angehört hat.

Der Stückgarten und die ihn umgebenden Bauten

Auch der 20 bis 40 m breite und 100 m lange Stückgarten verdankt seine Entstehung (1528—1544) dem großen Schloßbauherrn Ludwig V., der bestrebt war, die Westseite der Festung erheblich zu verstärken. Der Boden fiel hier vor der ehemaligen westlichen Außenmauer steil zur Stadt herunter, und wir müssen die Kühnheit bewundern, mit der die Baumeister Ludwigs V. zum Teil auf felsigem Untergrund dieses gewaltige Bollwerk errichtet haben, dessen Wände (die westliche Stützmauer 25 m, die Grabenmauer 18 m hoch) noch heute fast unversehrt aus der Tiefe aufsteigen. In der Hauptsache besteht es aus zwei parallellaufenden, außen mit Quadern verblendeten Mauerzügen, die unten — teils der eigenen Standfestigkeit, teils des Druckes wegen, den das dazwischen aufgeschüttete Erdreich auf sie ausübt — gewaltige Abmessungen erhalten haben müssen.

Der Stückgarten, von dem aus einst die Feuerschlünde („Stücke") der Belagerten ihre eisernen Grüße über die Stadt hinwegsandten, verlor seinen Verteidigungswert, als Friedrich V. seiner englischen Gemahlin Elisabeth zuliebe ihn in einen Lustgarten verwandelte.

Wir betreten den Garten durch das

Elisabethentor,

das der Kurfürst nach dem Plan des Franzosen Salomon de Caus für „seine innigstgeliebte Gattin Elisabeth im Jahre Christi 1615" errichten ließ. Die leichten, reichen Architekturformen dieses Bauwerks zeigen, daß es sich nicht um ein Befestigungs-, sondern um ein Parktor gehandelt hat. Die Schlüsselscharte in der unteren Nische links scheint lediglich zum Ausguck später eingebrochen zu sein.

Sieht man von der malerischen Wirkung dieser 1951 erneuerten Baulichkeit inmitten der grünen Umrahmung ab, so kann man Stil und Technik nur tadeln. In der Idee einem der kleineren römischen Triumphbogen nachgebildet, zeigt sie eine weite, von einem Rundbogen überspannte mittlere Öffnung, die rechts und links von je einem Paar Dreiviertelsäulen auf durchgehendem Postament flankiert und mit diesem gemeinsam von einem weit ausladenden dorisierenden Gebälk überdeckt wird. Die Stelle einer Attika nimmt oben in der Mitte eine Inschrifttafel ein mit beiderseitig von den Enden aus herankriechenden flachen Voluten. Zwischen den Säulenpaaren sind je zwei kleine leere Nischen ohne Umrahmung übereinander angebracht. Die Zwickel und den Raum über dem Scheitel des Torbogens füllen zwei Genien mit Fruchthörnern; in der Mitte des Frieses sind zwei Löwen mit dem Reichsapfel zwischen den Vorderklauen angebracht. Die Widmungsinschrift auf der Tafel lautet: „Fridericus V Elisabethae Coniugi Cariss. A(nno) C(hristi) MDCXV. F(aciendum) C(uravit)."

Die Verhältnisse sind im ganzen ansprechend, um so roher aber die Details. Die Säulen erscheinen gemäß der damals, besonders bei Gartenbauten, beliebten naturalistischen Dekorationsweise als efeuumwachsene Baumstämme mit abgehauenen Ästen, an denen Frösche und Eidechsen herumkriechen. Die korinthisierenden Kapitelle bilden ein wirr ausladendes Gemisch von Blättern und Blüten auf derben Stengeln. Das Unglaublichste hat der Bildhauer jedoch in Erfindung und Ausführung bei den beiden Genien geleistet. Es macht den Eindruck, als ob beide in Streit geraten seien, sich voneinander abkehren wollten und unwillig ihre mächtigen Füllhörner von rückwärts her an sich zu nehmen suchten. Faltengebung und Modellierung zeugen von handwerksmäßiger Flüchtigkeit. Wir begegnen diesen Mängeln bei den meisten Arbeiten dieser Art aus Friedrichs V. Zeit. Die Eile, mit der diese betrieben wurden, verband sich in trauriger Weise mit der Geschmacklosigkeit eines Zeitalters, dem das Gefühl für monumentale Würde und edle Einfachheit gänzlich abhandengekommen war. Recht bezeichnend für die Hohlheit des äußeren Prunkes, den Friedrich V. hierbei entwickelte, ist auch der Umstand, daß die Rückseite dieses Tores, die doch der lustwandelnden Fürstin zugekehrt war, völlig schmucklos gehalten ist. Die bekannte Überlieferung, daß der Fürst dieses „Prachttor" zur Überraschung seiner Gattin in einer Nacht habe aufführen lassen, ist nicht verbürgt, erscheint aber an sich nicht unglaubwürdig.

Vom Garten aus werfen wir einen Blick rechts in den westlichen Teil des Schloßgrabens. In der Ecke, in der die Längsmauer des Stückgartens mit der nach Osten ziehenden Grabenmauer im rechten Winkel zusammenstößt, findet sich eine rundbogige breite Türöffnung mit der Jahreszahl 1528 darüber. Diese führte in einen wahrscheinlich für Ausfälle der Garnison bestimmten Gang, der gegen den Hauptschloßeingang zu verlief, jetzt aber wegen Einsturzes des Gewölbes in seinem weiteren Verlauf unbekannt ist. Den Zugang zu dieser Tür erreichte man von einem etwa 1 m breiten Steinbankett aus, das an der Ostmauer des Stückgartens bis zum Nordwall und von da weiter um den ganzen Zwingergraben bis zur Brücke entlanglief. Heute liegt der Umgang nur noch an der Ostseite des Stückgartens frei.

Einst konnte im Graben, der Überlieferung zufolge, das ihn durchströmende Wasser mehrere Fuß hoch angestaut werden. Die Schließe, die diesem Zweck gedient haben mag, ist in der Mitte der Ostmauer des Stückgartens noch zu sehen, und durch sie hindurch nehmen die in der Grabensohle entlanggeführten Rinnsale ihren Abfluß. Der Hauptstrang kommt vom Unteren Fürstenbrunnen her und läuft bis zur Schließe, vor der er früher einen kleinen Forellenteich bildete. Von der anderen Seite her münden dort die zementierten offenen Rinnen, die teils von Osten her unter dem Ruprechts- und Frauenzimmerbau, teils in der Achse des Grabens unter dem Nordwalle her das Tageswasser vom Schloß und Schloßhof abführen.

An der Südwestecke des Grabens steht die Ruine des Turmes „Seltenleer" (Name seit 1603, auch „Nimmerleer"). Sein Name deutet offenbar auf den ehemaligen Zweck als Gefangenenturm hin; als Verteidigungsturm ist er wegen des vor ihm liegenden Stückgartens wohl kaum in Betracht gekommen. Auch der Seltenleer rührt von Ludwig V. her und ist, ebenso wie seine weit größeren und stärkeren Genossen, von den französischen Minierern mitten auseinandergesprengt worden. So groß die rückwirkende Kraft dieser Rundtürme gegenüber den anschlagenden Geschossen gewesen sein mag, ihre absolute Festigkeit war infolge der Schwächung des Querschnitts durch die zahlreichen Schießscharten nur eine verhältnismäßig geringe, so daß die Sprengungen, die an den dicken Wallmauern sich wiederholt als vergeblich erwiesen haben, hier die beabsichtigte Wirkung durchweg erreichen konnten. Der Seltenleer ist der kleinste der Flankierungstürme des Schloßbezirks. Sein äußerer Durchmesser beträgt etwa 10 m; das Innere war durch Balkenlagen in drei durch Schießlöcher notdürftig erhellte Räume geteilt, von denen der mittlere direkt vom Zwinger aus, der unterste aber von jenem aus nur durch eine Leiter zugänglich war. Das oberste Geschoß stand mit dem anschließenden Wallgang in Verbindung, war mit dem mittleren Gelaß durch eine in der Mauer liegende Treppe verbunden und hatte durch diese, über einen Grasplatz hinweg, auch einen Zugang zum Bibliotheksbau.

Vom Seltenleer aus fällt unser Blick auf die Westseite des Torturms und der Torbrücke mit ihren Segment- und Rundbogen; zwischen den mächtigen Steinpfeilern hindurch werden die Reste des ehemaligen Grabenschlusses sichtbar. Man erkennt deutlich den Ansatz der späteren Überwölbung, welche die jetzige Fahrbahn trägt. Der kräftige Rundbogenfries, der einst in der Höhe der hölzernen Fahrbahn außen entlanglief, ist nur noch im nördlichen Teil eine kurze Strecke vorhanden.

Auf dem Wege durch den Stückgarten sehen wir rechts die Rückseite der uns schon bekannten Gebäude, die den Schloßhof im Westen begrenzen. Es sind von Süden nach Norden:

der Ruprechtsbau mit dem Treppenturm Ludwigs V. in der Mitte — der bis an den westlichen Graben reichende Bibliotheksbau, dessen Westfront auf einem Stück der ehemaligen alten Außenmauer ruht (diese mußte zur Aufnahme der Last nachträglich mit drei Strebepfeilern versehen werden), mit dem großen gewölbten Bibliothekssaal im ersten Obergeschoß; in der Mitte deses Saales der Stumpf der Säule, von der sich fächerförmig die vier Sterngewölbe ausspannten; von rückwärts Blick in den kleinen gotischen Erker des zweiten Obergeschosses — als Rest des Frauenzimmerbaues der Königssaal mit einem hohen dreiteiligen Fenster, mit dem in der Mitte vorspringenden, wahrscheinlich von Karl Ludwig angebauten Treppenhaus, das nach den Obergeschossen führte, und einem Erker rechts.

Aus der nordöstlichen Ecke des Stückgartens, von der Höhe des alten Nordwalles aus, blicken die ausgebrannten Mauern der Südfront des

Englischen Baues

auf uns herab. Friedrich V. hatte ihn bald nach seiner Verlobung mit Elisabeth (1612) errichten lassen. Die Wahl des Platzes hatte sich gewissermaßen von selbst ergeben. Das Plateau des Schlosses war rings mit Bauten besetzt. Wollte Friedrich nicht übermütig an die Werke seiner Väter Hand anlegen, so blieb ihm nichts übrig, als aus dem alten Schloßviereck herauszugehen und den Nordwall Ludwigs V. als Unterbau zu benutzen. Daß dadurch die Wehrfähigkeit des Schlosses von neuem beeinträchtigt wurde, machte dem leichtlebigen jungen Fürsten wenig Sorge. War doch auch bereits von seinen Vorgängern durch Anlage der Großen Batterie ein kräftiger Schutz der Nordseite hergestellt worden, der den alten Nordwall leichter entbehrlich erscheinen ließ.

Die Anlage Ludwigs V. bestand eigentlich aus zwei Teilen: einem breiten südlichen Mauerzuge mit parallelen Wänden und einem vorspringenden dreieckigen Mauerkörper, gegen den die alte Außenmauer und der Nordzwinger von Osten her anliefen.

Der südliche Teil lag höher und war mit einem hölzernen Überbau zum Schutz der Mannschaft, der nördliche, niedriger gelegene Vorbau mit Schießlöchern und mit einem Dach versehen.

Bei Errichtung des Englischen Baues galt es zunächst, von unten herauf die Lücke zu schließen, die zwischen dem Dicken Turm, dem Faßbau und dem Frauenzimmerbau vorhanden war. Deutlich unterscheidet sich das Quaderwerk Friedrichs V. von dem des Nordwalles, sowohl hinsichtlich der Bearbeitung der Vorderfläche der Steine als auch hinsichtlich der Steinmetzzeichen; hier große römische Buchstaben, dort die kleineren geometrischen Figuren aus der Zeit Ludwigs V. Die in den obersten Schichten des jüngeren Teiles verwendeten älteren Quader rühren vom Abbruch des obersten Teiles des Nordwalles her. Das alte Mauerwerk des Nordwalles reicht nämlich nur bis zur Brüstung der vier großen rundbogigen Fenster, die den dahinterliegenden, gewissermaßen das Erdgeschoß bildenden Räumen reichliches Licht zuführten. Seine Rückwand bildet das Mauerwerk des höher aufsteigenden südlichen Teiles des Nordwalles. Hierüber befanden sich zwei Geschosse und ein Dachgeschoß mit zwei Zwerchhäusern.

Zu dem unter Friedrich V. vorn geschlossenen ehemaligen Zwischenraum gelangt man durch eine Tür in der Westwand des Faßraumes. Man sieht hier die alte östliche Endigung des Vorsprunges des Nordwalls und von der Frontmauer Friedrichs V. noch ein Stück der ehemaligen Außenzingel mit ihren Schlüsselschießscharten und ihrem Bogenfries entlanglaufen.

Wir sehen deutlich, in welch praktischer Weise die ungleich hoch liegenden Teile des Nordwalles bei der Errichtung des Englischen Baues verwendet worden sind: die Nordwand beginnt in der Brüstungshöhe der Fenster, die östliche Giebelwand setzt ein Stockwerk höher auf der Mauer des Faßbaues auf, die Hinterfront ungefähr in derselben Höhe auf dem südlichen Teil des Nordwalles, die westliche Giebelwand wird durch den Dicken Turm ersetzt. Zahlreiche Spuren beweisen, daß der eigentümliche trapezförmige Raum mit Kreuzgewölben versehen war. Er verengt sich nach Westen immer mehr und endigt mittels einer Tür vor der Wendeltreppe des Dicken Turmes.

Werfen wir noch einen Blick auf die Südfront des Englischen Baues. Die Trennungslinie zwischen dem Quaderwerk des Unterbaues und der auf Verputz berechneten Bruchsteinmauer des aufgesetzten Palastes ist durch ein Gesimsband betont, dagegen fehlt die Vertikalteilung der Nordfront. Die Fenster sind deshalb dichter nebeneinandergerückt und treten mit ihrer einfachen Umrahmung, die oben mit ausspringenden Ohren versehen ist, nur wenig vor der Putzfläche hervor. Um so kräftiger ladet die geradlinige Verdachung aus, besonders über der Tür, die von der Treppe aus in das Innere des Hauptgeschosses führt. Ein einfaches Steinband trennt die beiden Stockwerke; oberhalb des Hauptgesimses ragen noch die Wände der beiden Zwerchhäuser mit ihren gekuppelten Fensterpaaren bis zum Giebelsims empor. Die Eingangstür war innerhalb der geradlinigen Umrahmung rundbogig geschlossen und (nach Metzger) ehemals mit einer Art Falltürvorrichtung versehen.

Wir steigen hinauf in das völlig ausgebrannte Innere und überschauen die ganze Ausdehnung des ehemaligen Palastes. Die ungewöhnliche Grundrißgestaltung, die sich als eine natürliche Folge der Benutzung des Unterbaues ergeben hatte, konnte den Vorzügen der Lage gegenüber kaum störend ins Gewicht fallen. Die Schönheit der Aussicht von hier oben: nordwärts auf Fluß und Tal, südwärts auf die waldigen Hänge des Königstuhls und Gaisbergs ist unübertrefflich; keiner der Paläste des Schloßvierecks kann sich in dieser Beziehung mit dem Bau Friedrichs V. vergleichen. Die von dem kurfürstlichen Paar bewohnten Räume lagen nach Süden, und von der Pracht ihrer ehemaligen Ausstattung geben noch die Reste der Stuckverzierungen an den flachen Fensterbogen eine genügende Vorstellung. Wir sehen flottes Kartuschenwerk mit Girlanden und Fruchtschnüren, auf denen Vögel hocken, alles in üppigstem Barockstil gehalten; jetzt einfarbig, weiß, früher wohl in zarten Tönen und mit Gold abgestimmt. Im Westen lag ein kleiner Vorplatz, in den die Türen vom Dicken Turm und von außen her mündeten. Am östlichen Ende liegt der Eingang zum Treppenturm, der die Geschosse des Englischen Baues untereinander und mit dem Frauenzimmerbau verband, während man durch die Mauerlücken des im Westen gelegenen Treppenturms einen entzückenden Blick auf die Stadt genießt. Im darüberliegenden Stockwerk scheint die Raumteilung die gleiche gewesen zu sein.

Das Bestreben des unbekannten Baumeisters, den neuen Palast mit dem in derselben Front stehenden Friedrichsbau in Einklang zu bringen, tritt in der Anordnung der durchgehenden Pilaster und der Zwerchhäuser unverkennbar hervor. Im übrigen läßt sich aber kaum eine größere Verschiedenheit denken als zwischen dem reichen dekorativen Aufputz des einen und der völligen Schmucklosigkeit des andern. Nur wenige Jahre liegen beide Bauwerke auseinander, und doch welche Wandlung des Geschmacks. Zweifellos, daß fremder Einfluß hier zutage tritt; und zwar ist hierbei weniger an die Heimat der englischen Prinzessin zu denken als an Frankreich, wo bereits seit der Mitte des 16. Jahrhunderts ein engerer Anschluß an die italienische Hochrenaissance und damit an die klassische Einfachheit erfolgt war. Nicht mehr die Belebung, sondern die Gruppierung der Massen, nicht mehr die schönen Details, sondern die guten Verhältnisse bildeten fortab den Schwerpunkt in der Behandlung des Äußeren, und hiernach wurde denn auch bei unserem Bau verfahren. Der Beginn dieser Reaktion ist als palladianischer Klassizismus auf Andrea Palladio (1508—1580) zurückzuführen, dessen Stil durch den großen englischen Architekten Inigo Jones (1573—1652) weitergeführt wurde. Es ist keineswegs ausge-
Anm. 17 siehe S. 99 f.
schlossen, daß der junge Fürst den Plan aus England mitgebracht hat, so daß der Englische Bau als erstes Aufflackern jener neuen Richtung in Deutschland zu betrachten wäre.

Dicker Turm

Am nördlichen Ende des Stückgartens stehen wir vor dem Dicken Turm, der einst wie eine drohende Faust über der Stadt schwebte. Wir staunen über die Großartigkeit dieses Bauwerks und seine gewaltigen Mauermassen. Schier unbegreiflich erscheint es, daß ein einziger Funke und einige Säcke Pulver imstande gewesen sind, diese fast 40 m hohen und 7 m dicken Mauern zu Fall zu bringen, diesen gigantischen Steinring zu sprengen. Die Bindekraft des Mörtels hat sich hierbei stellenweise größer gezeigt als das Gefüge des Steines. Wild zerklüftet und zerrissen, mit überhängend schwebenden Blöcken starren diese wie für die Ewigkeit errichteten Mauern empor; im oberen östlichen Teil sind sie an der Stelle abgebrochen, wo die Treppe den Querschnitt verringerte, im übrigen, wie gewöhnlich, an den durch Schießscharten geschwächten Stellen.

Im Gegensatz zum Gesprengten Turm und zum Apothekerturm, bei denen die dem Feinde zugekehrte Seite stärkere Abmessungen aufweist, erscheint die Wandung des Dicken Turmes ringsum von gleicher Stärke. Die lichte Weite entspricht dem Doppelten der Mauerdicke. (Der Turm gleicht auch hierin seinem einzigen deutschen Rivalen, dem gewaltigen Eckturm der Hardenburg in der Pfalz.) Noch sieht man im Innern die fünf Reihen Kragsteine, auf denen die Zwischengebälke der sechs Stockwerke ruhten. Ein starker, durch alle Geschosse durchreichender Steinpfeiler, dessen Fundamente und unterste Schichten unter dem Schutt begraben liegen, diente den Deckenbalken als mittleres Auflager.

Große Geschützscharten in den vier obersten Geschossen und kleinere Schlitze für Handfeuerwaffen im zweituntersten Geschoß bildeten die einzigen Öffnungen, durch welche die 6 m hohen Räume erhellt wurden. Das unterste Geschoß scheint wegen seiner tiefen Lage nicht zur Verteidigung bestimmt, sondern nur als Durchgangsraum zwischen dem Nord- und Westwall benutzt worden zu sein, wie denn auch die Wendeltreppe, welche die Stockwerke verbindet und in dem östlichen Mauerteil ausgespart ist, nicht direkt bis hier hinabführt. Der als einzige Gliederung des Äußeren etwa in halber Höhe angebrachte Zwischengurt setzt sich die Stückgartenmauer entlang und um das Rondell herum fort, gewissermaßen als äußerlich sichtbares Zeichen der Zusammengehörigkeit dieser Teile.

Ursprünglich war, wie uns ältere Abbildungen zeigen, auf dem hohen kreisrunden Teil noch ein niedriges siebentes Geschoß in Fachwerk mit vieleckigem Grundriß aufgeführt, das etwas überkragte und in ein spitzes Zeltdach endigte. Heute erblicken wir statt dessen die Reste eines hohen massiven Sechzehnecks mit großen Fenstern. Eine außen am südlichen Teil angebrachte, vom Stückgarten aus sichtbare lateinische Inschrift zwischen zwei Statuen belehrt uns, daß Friedrich V. den obersten Teil des von Ludwig V. 1533 errichteten Bauwerks 1619 bis zu dem jetzigen Hauptgesims habe abtragen und höher und prächtiger wiederaufrichten lassen.

Die vollständige Inschrift lautet in deutscher Übersetzung: „Ludwig, Pfalzgraf bei Rhein, Kurfürst und Herzog zu Bayern, hat diese Baumasse aufgeführt im Jahre des Herrn 1533. Friedrich V., Pfalzgraf bei Rhein, Kurfürst, Vikar des Heiligen Römischen Reiches, Herzog zu Bayern, hat sie bis zum (jetzigen) Hauptgesims abgebrochen, neu errichtet, mit gewölbten Decken geschmückt, die Höhe des Speisesaales um 33 Fuß vergrößert, die in der Mitte die Last des ganzen Daches tragende Säule, ohne das Dach abzunehmen und zu verderben, entfernt und diese Denkmale (Tafel und Statuen) angebracht im Jahre des Heils 1619.“ Der Schwerpunkt dieser ruhmredigen Inschrift liegt offenbar in dem Worte „immoto incorruptoque tecto“, und in der Tat erscheint es für damalige Zeit als ein kühnes Unternehmen, den alten Dachstuhl so lange freischwebend zu unterfangen, bis die alten Umfassungswände heruntergerissen und durch den neuen, sechzehnseitigen Aufbau ersetzt waren. Dabei wurde wohl die äußere Form des Daches beibehalten, im Innern aber eine Hängewerkkonstruktion hergestellt, an der zugleich die neue gewölbte Holzdecke des großen Speisesaales befestigt war. Von den in der Inschrift erwähnten

Gewölben sind noch Spuren an der Wand der oberen Stockwerke zu sehen. Die Angabe über die Vergrößerung der Höhe des Speisesaales um 33 Fuß wird wohl auf einem Versehen des Verfertigers der Inschrift beruhen, da die Höhe des Saales im ganzen nicht mehr betragen haben kann. Der Architekt, der diesen kühnen Umbau ersonnen und geleitet hat, war, einer Angabe J. Sandrarts in seiner „Teutschen Akademie" zufolge, ein Meister Peter Karl aus Nürnberg.

Die geringe Ausdehnung des Englischen Baues bot zur Anlage eines größeren Speise- oder Festsaales nicht genügend Raum, deshalb erscheint es als ein naheliegender Gedanke des Architekten, den anstoßenden Eckturm mit in die Anlage hineinzuziehen. So ist durch äußerste Beschränkung der Stärke der Außenmauern dort oben ein Raum entstanden, der einst an Größe (etwa 530 qm) nur vom Königssaal des Frauenzimmerbaues übertroffen wurde, vor diesem aber die herrliche Lage mit dem einzig schönen Rundblick voraushatte. Unter Karl Ludwig fanden hier Theateraufführungen statt.

Die verhältnismäßig nur wenig beschädigten Statuen stellen die beiden in der Inschrift genannten Bauherren Ludwig V. und Friedrich V. dar und sind in Stil und Technik der am Friedrichsbau angebrachten Ahnenreihe so eng verwandt, daß auch sie als Werke des Sebastian Götz aus Chur betrachtet werden müssen; der große Schloßbauherr ist etwas reichlich derb aufgefaßt, von hohem, kräftigem Wuchs, mit vollem Bart und ernstem Ausdruck, der jugendliche Gemahl der Elisabeth in leichter, eleganter Haltung und mit freundlichen Mienen. Aber nur die Behandlung der dekorativen Einzelheiten in Rüstung und Kleidung steht auf der Höhe der früheren Leistungen des Churer Meisters. Man merkt, daß seit jenen künstlerisch so bedeutungsvollen Erstlingswerken bis zu dieser mehr handwerksmäßig behandelten späteren Arbeit ein Jahrzehnt vergangen ist.

Die Bürger holten sich nach 1693 die abgesprengten behauenen Steine des Dicken Turmes, um mit ihnen ihre Häuser wiederaufzubauen. Der Generalleutnant und Oberstjägermeister Freiherr von Venningen hat seinen wuchtigen Adelshof (Hauptstraße 52, „Riese") mit ausdrücklicher Erlaubnis des Kurfürsten aus Quadersteinen des Dicken Turmes errichtet.

Vor dem Dicken Turm war eine mit Schießscharten versehene Abschlußmauer errichtet worden. Der dahinterliegende Raum trug ein Dach, das sich an die Rundung des Turmes anschloß, und mag zugleich als Wachtlokal gedient haben. Wie wenig man unter Friedrich V. auf die Verteidigungsfähigkeit der Westseite Wert gelegt hat, beweist das Abbrechen der Tablettmauer, hinter der Geschütze und Bedienung sichere Aufstellung fanden.

Westlich vom Dicken Turm fällt uns eine im Boden angebrachte Steintafel auf. Ihre Inschrift meldet:

„Anno MDCLXXXI XXII. Januari
Von Schlos auf disen Ort
Hat wieder alles Hoffen
Aus Stukken Churfürst Karl
Mit Kugel Kugel troffen."

28. Der Hortus Palatinus vor 1620. Ölgemälde von Jacques Fouquières.

29. Das Schloß von Osten.

30. Blick in den Schloßhof auf Friedrichsbau, Gläsernen Saalbau und Ottheinrichsbau; im Vordergrund die Brunnenhalle.

31. Die Hoffassade des Friedrichsbaus.

32. Die Hoffassade des Ottheinrichsbaus.

33. Der Gesprengte Turm während der Sanierungsarbeiten im Sommer 1986.

34. Blick auf Apotheker- und Glockenturm sowie Kasematten im Osten.

35. Das Elisabethentor.

36. Der Dicke Turm mit Teil der Südfassade des Englischen Baus.

37. und 38. „Vater Rhein" und die Große Grotte.

Nach Metzger hat dieses Denkmal, das die unglaubliche, jedenfalls zufällige Schießleistung kündet, ursprünglich am Friesenberg, auf der Ostseite des Schlosses, gestanden und ist durch das „Bürgerliche Artilleriekorps", dem der Stückgarten seit Anfang des 18. Jahrhunderts zur Benutzung überlassen worden war, hierher versetzt worden.

Das unterste Geschoß des Dicken Turms ist durch eine steile, 13 m hohe „Rittertreppe" mit dem Keller des Friedrichsbaues verbunden. Auch läuft von jenem Geschoß aus ein gewölbter Gang mit einem scharfen Knick schräg nach einem halbkreisförmigen, in der Mitte der Westmauer des Stückgartens vorspringenden Batterieturm, dem Rondell, und mündet in dessen unterstem Geschoß. Von diesem führte eine an der Südostecke gelegene, jetzt völlig zerstörte, aber noch erkennbare Wendelstiege, die zugleich die Stockwerke der Bastion verband, auf das Planum des Stückgartens hinauf. Das Rondell erhob sich in fünf Geschossen, deren Gebälk auf vorkragenden Steinen ruhte. Auch dieser turmartige Vorbau ist von den Franzosen 1693 zerstört worden. Anm. 18 siehe S. 100

Südlich des Rondells steht eine Tafel zur Erinnerung an Goethes Aufenthalt im Schloßgarten in den Herbsttagen 1814 und 1815 mit zwei Versen des im Juli 1824 hier entstandenen Gedichtes Marianne von Willemers; darunter eine an dieser Stelle störende „Verewigung" der am 150. Geburtstage Goethes in Heidelberg veranstalteten Feier.

Der Schloßgarten und die angrenzenden Bauten

Wir verlassen den Stückgarten und gehen nach Osten (links) den Hauptweg hinunter in den eigentlichen Schloßgarten. Ursprünglich war die Vorburg vom Schloßgarten durch ein großes Gebäude getrennt, das aber scheinbar nicht zu Verteidigungszwecken gedient hat; nach dem Dreißigjährigen Krieg wurde hier eine einfache Mauer mit Graben errichtet. Rechts (südlich) am Wege liegt der Obere Fürstenbrunnen, den Karl Philipp 1738 von Galli da Bibiena neu fassen und überbauen ließ, aus dem dann jahrzehntelang täglich das gute Trinkwasser für die Hofhaltung nach Mannheim gebracht wurde.

Dem Oberen Fürstenbrunnen gegenüber erhebt sich der

Gesprengte Turm

Hier, auf der höchsten und dem Angriff am meisten ausgesetzten Stelle des Schloßplateaus, auf festem Granitgrund, mag einst bei der ältesten Burganlage des Jettenbühls der Bergfried gestanden und weit in die Lande hinausgeschaut haben. Die jetzige Turmanlage weist keine Spuren davon mehr auf, sondern trägt von Grund aus den Charakter eines Flankierungsturms des 15. Jahrhunderts, dessen gewaltige Mauermassen auf den Anprall feindlicher Kugeln berechnet waren.

Der bereits in der Mitte des 17. Jahrhunderts nachweisbare alte Name „Krautturm", der durch die Bezeichnung „Gesprengter Turm" verdrängt worden ist, hängt offenbar damit zusammen, daß das unterste Geschoß im 17. Jahrhundert als Krautmagazin („Kraut" = Pulver) gedient hat. Goethe zeichnete als Erster den Gesprengten Turm am 23. September 1779 von der Brücke aus, die über den Burggraben in den Torturm führt.

Bei dieser Turmanlage sind zwei Bauzeiten zu unterscheiden: die ältere (15. Jahrhundert), der die Errichtung der drei Hauptgeschosse angehört, und die jüngere (unter Friedrich IV.), in der das alte Spitzdach abgebrochen, ein achteckiges Obergeschoß mit Kuppeldach aufgesetzt und an Stelle der hölzernen Zwischendecken eine Überwölbung der beiden oberen Geschosse vorgenommen wurde. Diese Maßregel hatte sich wohl mit Einführung der schweren Geschütze als unumgänglich erwiesen und gewährte zugleich, wie beim Glockenturm, die Möglichkeit, den achteckigen Aufbau so weit zurückzusetzen, daß oben auf der alten Umfassungsmauer ein breiter, für die Aufstellung von Geschützen geeigneter Umgang bestehen blieb. Eine weitere Folge war die Einführung eines starken Mittelpfeilers, der den Kreuzgewölben zum Auflager diente und sich bis auf den Boden des untersten Geschosses durch dessen Kuppelgewölbe hindurch fortsetzt. Der Baumeister Friedrichs IV. besaß also hier nicht den Mut, die Last des Mittelpfeilers einem mächtigen Schlußsteine des Kuppelgewölbes, wie am Glockenturm, anzuvertrauen. Der Grund liegt offenbar darin, daß die gewaltigen Erschütterungen, denen die Gewölbe durch das Abfeuern der Geschütze ausgesetzt waren, größere Sicherheit verlangten, als beim Glockenturm geboten war, dessen sechs Stockwerke nur Wohnzwecken dienten. Im Orléansschen Krieg teilte der Gesprengte Turm das Schicksal seines ihm diagonal gegenüberliegenden Genossen an der Nordwestecke des Schloßvierecks. Fast die halbe Schale wurde abgesprengt und liegt noch als zusammenhängendes Stück hoch aufragend unten im Graben. Auch hier hat sich die Bindekraft des Mörtels wieder aufs glänzendste bewährt.

Der Eindruck des gewaltigen, fast 14 m weiten untersten Geschosses, das an Ausdehnung die betreffenden Räume im Glockenturm und Apothekerturm weit übertrifft, wird durch den in der Mitte der halbkreisförmigen Kuppel herabgeführten Pfeiler sehr beeinträchtigt. Auch hier liegt der Mittelpunkt des Innern gegen den der äußeren Umfassungslinie nach Westen zu so weit verschoben, daß die Mauerstärke allmählich von 3,5 m auf 6,5 m nach Osten zu anwächst. Nur wenig Licht dringt durch die tiefen Geschützkammern herein, gerade noch ausreichend, um die großen Sprenglöcher erkennen zu lassen, welche die Schale an vielen Stellen metertief unterhöhlt hat.

Das darüberliegende Geschoß ist um so heller. Frei fällt der Blick von Süden her durch die weite Lücke in der Umfassungswand und erfüllt den Raum mit Tageshelle. Noch steht der Mittelpfeiler aufrecht und stützt den Rest der sich ringförmig herumspannenden Kreuzgewölbe. In ihrer Mitte sind viereckige Löcher zur Abführung des Rauches der abgefeuerten Geschütze oder auch zum Aufziehen von Munition angebracht. Die tiefen Geschützluken sitzen in den Zwischenräumen über denen des unteren Geschosses und zeigen dieselbe Konstruktion.

Die Verbindung nach oben wurde wohl auch früher, wie jetzt, nur mittels hölzerner Leitern oder Treppen bewerkstelligt. Die Einrichtung des zweiten Obergeschosses war dieselbe, die Zerstörung hat beide gleichmäßig getroffen. Anm. 19 siehe S. 100

Das Innere des achteckigen Oberbaues ist von dem äußeren Umgange aus durch zwei Türen zugänglich, von denen die nordwestlich gelegene eine ehemalige Oberlichtumrahmung aufweist. Auch hier oben steht der Mittelpfeiler, der die Decke stützte, noch aufrecht; an Stelle der Schießscharten waren hier große Fensteröffnungen getreten.

Wir biegen links in den Weg ein, der an der Balustrade entlang bis zur Nordterrasse führt, und haben von hier aus den schönsten Blick auf die Rückseite der östlichen Schloßbauten, die am häufigsten im Bilde wiedergegeben wird, da die Ruinen sich hier gegen den Himmel abheben. Einst war der Ostzwinger zwischen der äußeren und inneren Schloßmauer vom Gesprengten Turm bis zum Apothekerturm hin völlig unbebaut; jetzt reihen sich hier Baulichkeiten aneinander, die zum größten Teil kurz vor dem Dreißigjährigen Kriege entstanden sind und infolge ihrer stückweisen Erbauung den Grundriß an dieser Stelle sehr unklar erscheinen lassen. Wir sehen die Rückwände mehrerer Nutzbauten, über die der große Schornstein der Ritterküche hinausragt.

In der Mitte der Ostwand ist der

Apothekerturm

über die äußere Ringmauer vorgebaut. Dieser Flankierungsturm entstammt in seinen unteren Teilen derselben Zeit, in der die beiden anderen östlichen Türme, der Glockenturm und der Gesprengte Turm, entstanden sind, weicht aber in der Grundrißform wesentlich von ihnen ab. Das äußere Rund setzt sich nämlich nicht in den ehemaligen Zwinger hinein fort, sondern erscheint hier in der Verlängerung der anschließenden Wallmauer geradlinig abgebrochen, also in der Weise, wie Albrecht Dürer es in seinem epochemachenden Werke über das Befestigungswesen für seine großen „Pasteyen" vorgeschrieben hat. Außerdem findet sich aber auch hier die Verschiebung des Mittelpunktes der inneren Umfassungslinie gegen den der äußeren, wodurch für die dem Feinde zugekehrte Seite von hinten her ein stetiges Wachsen der Mauerstärke nach vorn zu erreicht wird.

Die beiden unteren, mit der alten Außenmauer in Verbindung stehenden gewölbten Geschosse waren mit Schießscharten versehen, die jetzt zum Teil vermauert und zum Teil durch Fenster ersetzt sind. Diese Umänderung erfolgte unter Friedrich IV., wohl im Zusammenhang mit den übrigen Umänderungsarbeiten der Türme an der Ostseite, war auch mit veranlaßt durch die Errichtung der Streichwehr außen am Fuß des Turmes, die so hoch hinaufreichte, daß die untersten Schießscharten dadurch ganz verdeckt wurden. Gleichzeitig fand eine Erhöhung des Turmes um drei Stockwerke und die Einrichtung des Ganzen zu Wohnzwecken statt. Das spitze Zeltdach wurde abgenommen und der neue Oberbau mit einem unförmigen Kuppeldach bedeckt. Die Jahreszahl 1610 über der Tür im Stiegenhaus bezeichnet die Vollendung dieses Umbaues. Der Turm wurde 1689 und 1693 stark beschädigt, scheint aber unter Karl Philipp (um 1718) notdürftig wieder instand gesetzt worden zu sein, so daß der erste Stock als Gärtnerwohnung benutzt werden konnte, bis der Brand von 1764 auch diesen Schloßteil im Innern gänzlich in Trümmer legte.

Bei dem Einbrechen der Fenster im untersten Geschoß muß ein großes Stück des Mantels im Nordosten erneuert worden sein, wie außen deutlich erkennbar ist. Die unterhalb der Fenster angebrachte Wappentafel der Gemahlin Friedrichs II. ist offenbar erst nachträglich von einer anderen Stelle (vom Gläsernen Saalbau?) hierher übertragen worden. Von einer Bautätigkeit Friedrichs II. am Apothekerturm ist wenigstens nichts bekannt.

Das unterste Geschoß des Turmes, das nur vom Keller des Ludwigsbaues aus zugänglich ist, bietet wenig Bemerkenswertes. Staunen erregen wieder das weite Kuppelgewölbe und die gewaltige Mauerstärke. Unten, dicht über dem Boden, sind noch die breiten, vorn vermauerten ehemaligen Geschützlöcher zu sehen, während die neu eingebrochenen großen Fenster mit ihren Nischen unschön in die Kuppel einschneiden.

Das Erdgeschoß ist ein weiter, abermals von einem Kuppelgewölbe überspannter Raum. Wie tiefe Kammern erstrecken sich die Fensternischen, die in der gewaltigen (bis über 5 m starken) Umfassungsmauer ausgespart sind, strahlenförmig vom Hauptraum nach außen.

Im oberen Stockwerk erkennt man noch an den Anschlußspuren der Zwischenwände die ehemalige Einteilung der im 17. Jahrhundert zu Pagenwohnungen benutzten Räume, die von einem gemeinsamen Korridor aus zugänglich waren. Die beiden obersten Geschosse waren durch Balkendecken getrennt, die auf den Zwischenwänden aufruhten. In der südlichen Anschlußecke des Turmes an die ehemalige Außenmauer ist ein weiter, rechteckiger Schlot außen vorgelegt, der durch alle Stockwerke hindurchreicht.

Anm. 20 siehe S. 100 Der Apothekerturm erhielt seinen Namen, weil er im 17. Jahrhundert auch die Schloßapotheke beherbergte und im untersten Gewölbe die Gewürze und sonstigen Vorräte für die südlich von ihm liegenden Küchengebäude untergebracht waren.

Nördlich vom Apothekerturm erstreckt sich die ausgedehnte Rückseite des Ottheinrichsbaues. Der Putz ist meist heruntergebröckelt und läßt das nackte Bruchsteinmauerwerk, mit diesem aber auch stellenweise zugleich die Entstehungsgeschichte des Baues erkennen. So können wir nicht nur deutlich sehen, wie das ältere Mauerwerk der ehemaligen äußeren Schloßmauer ungefähr in der Höhe des Fußbodens des Erdgeschosses am Ottheinrichsbau aufhört und das jüngere darüber aufsetzt, sondern auch wie der Ottheinrichsbau sich an, teilweise sogar in die Giebelfront des Gläsernen Saalbaues eingeschoben hat. Man erkennt leicht dessen ehemalige Südecke an der in Erdgeschoßhöhe aufsteigenden Quaderreihe und daneben die Fenster des im unteren Stockwerk erhaltenen Ganges, über den der Ottheinrichsbau in den oberen Stockwerken hinübergegriffen hat. Von architektonischer Gliederung ist keine Rede. Die

Fenster sind nicht nach einem bestimmten Prinzip in gleichem Abstand und mit senkrecht durchgehenden Achsen angeordnet, sondern lediglich nach dem Bedürfnis der inneren Räumlichkeiten, ohne Rücksicht auf die äußere Erscheinung. Nur die drei Fenster des Kaisersaales im Hauptgeschoß haben eine reichere Ausbildung erfahren, die oberen Teile der Mittelpfosten sind mit Hermen verziert. Alle übrigen Gewände, sowohl die viergeteilten unten wie die zweigeteilten in den oberen Geschossen sind völlig schmucklos.

Die östliche Wand des Gläsernen Saalbaues steigt ebenso einfach und reizlos empor wie die des Ottheinrichsbaues. Nur der Erker des Festsaales schaut aus einsamer Höhe lustig herunter.

In der Nordostecke erhebt sich das Wahrzeichen der Schloßbauten, der uns bereits bekannte Glockenturm.

Bereits vor 1584, wohl von Ludwig VI., sind die Kasematten erbaut worden, die das Friesental mittels Handfeuer bestreichen sollten. (Sie sind auf der Merianschen Ansicht des Schlosses von Osten deutlich zu sehen.) Die gewölbte, von zahlreichen breiten Schießscharten (Maulscharten) durchbrochene Streichwehr zieht sich parallel der Schloßmauer — 8 m unter dem dortigen Fußweg — vom Gesprengten Turm bis zum Zeughause hin. Die nördliche, vor dem Gläsernen Saalbau und Ottheinrichsbau gelegene Hälfte ist verschüttet und als einfache Stützmauer ohne Schießlöcher wieder aufgeführt, der 60 m lange südliche Teil vom Apothekerturm bis zum Gesprengten Turm ist noch erhalten.

Die in der Mitte vor dem Apothekerturm weit vorspringende, gut erhaltene Spitzkasematte (Grabenkoffer), ein 23 m langes Gewölbe mit Maulscharten, diente zur Deckung der Front der Streichwehr in der Achse des Friesentals; an ihrer Nordwestecke steht noch ein Schilderhäuschen. Dieser Grabenkoffer ist wahrscheinlich nicht gleichzeitig mit den alten Kasematten entstanden, sondern vielleicht erst unter Johann Kasimir.

Aus derselben Zeit (Ende des 16. Jahrhunderts) stammt wohl auch die am südlichen Ende des Friesentals auf den Gesprengten Turm zu laufende doppelt gewölbte Galerie, die den Abschluß des südlichen Burggrabens bildete. Sie führte in ihrem oberen Geschoß das von den Abhängen des Königstuhls kommende Wasser in den Schloßbezirk, stand im unteren Teil aber mit der Streichwehr in Verbindung und sperrte den Zugang in den Graben. Im ganzen sind alle diese Befestigungen als Ersatz für den Wegfall des östlichen Zwingers zu betrachten.

Am Ende des Weges, der uns die Balustrade entlanggeführt hat, liegt die Nordterrasse (Scheffelterrasse). Von hier aus bietet sich dem Auge ein Bild, das noch umfassender, noch schöner ist als die Aussicht, die wir von der Altanterrasse aus genießen konnten: der Blick auf Schloß und Stadt, auf Fluß und Berge und in die weite, lichte Rheinebene.

Auf dem blumengeschmückten Rundbeet stand seit 1891 die schöne Bronzestatue Viktor von Scheffels, des Sängers der Neckarstadt, der ihr das volkstümlichste Lied geschenkt hat, dessen Anm. 21 siehe S. 100 sich eine deutsche Stadt rühmen kann. Als Wanderer schaute er auf das geliebte Heidelberg und ins Tal hinab. Das Denkmal ist ein Opfer des zweiten Weltkrieges geworden.

Terrassengarten*

Seit Betreten des eigentlichen Schloßgartens haben wir unser Augenmerk nur auf die Rückseite der östlichen Schloßbauten und die ihnen vorgelegten Befestigungen gerichtet, nun wenden wir uns dem Terrassengarten zu.

Wie wir auf einer der Zeichnungen niederländischer Emigranten sehen, war schon um 1580 — etwa an der Stelle des heutigen Schloßparkkasinos — auf einer künstlichen Ebene ein kleiner Garten angelegt. Er wurde von einer Mauer geschützt, trug in der Mitte ein vieleckiges, mit einer Kuppel überdachtes Vogelhaus und war mit vier Reihen Bäume in regelmäßiger Stellung bepflanzt.

Der Urheber des „Pfälzischen Gartens" (des „Hortus Palatinus") war Friedrich V., der sich nicht genug tun konnte, seine Residenz zu verschönern, auch wenn dadurch die Wehrkraft des Schlosses beeinträchtigt wurde. Wie der Stückgarten durch den dort von ihm geschaffenen „kleinen" Lustgarten seinen Wert als Bollwerk verloren hatte, so trug Friedrich keine Bedenken, auch den „großen" Lustgarten anzulegen, obwohl die Sicherheit der Ostseite dadurch erheblich gefährdet wurde.

Dieser Terrassengarten wurde von dem aus England berufenen französischen Ingenieur und Gartenarchitekten Salomon de Caus aus Dieppe, der zugleich einer der größten Physiker seiner Zeit war, 1616 begonnen und war 1619, als Friedrich V. nach Böhmen zog, noch nicht vollendet. Hunderte von Menschen vollbrachten damals eine gewaltige Arbeitsleistung: sie sprengten Felsen, ebneten Hügel, füllten hinter 20 m hohen Stützmauern das Friesental auf und schufen ein einzigartiges, mit dem Schloß harmonisch vereinigtes Kunstwerk. Unter geschicktester Ausnutzung des Geländes wurden fünf übereinanderliegende, durch Treppen verbundene Terrassen geschaffen, von denen vier noch heute vorhanden sind. Die beiden größten Terrassen (die zweite und die vierte) lehnen sich im rechten Winkel an das Gebirge an; zwei kleinere, rechteckige (die erste und die dritte) wurden in diese Winkel eingeschoben: 1. Die am tiefsten liegende Untere Terrasse ist der heutige Koniferengarten, in dem von der Forstbotanischen Abteilung der Universität während der ersten Hälfte des 19. Jahrhunderts viele seltene Nadelhölzer angepflanzt wurden; von ihnen sind heute nur noch wenige Arten vorhanden. Am oberen Ende der aus der Unteren Terrasse in die Mittlere Terrasse führenden kleinen Steintreppe stehen zwei ehrwürdige Eiben (wir ka-

* Der Verfasser hatte die Absicht, dem „Wundergarten" einen besonderen Führer zu widmen (6. Aufl., S. 188, Fußnote), konnte diesen Plan aber nicht mehr ausführen.

men auf dem Balustradenwege an ihnen vorbei), die aus der Zeit der Anlage des Gartens stammen und auf Merians Stich von 1620 zu sehen sind. 2. Die 6 m höher liegende Mittlere oder Große Terrasse umfaßt die Fläche vom Gesprengten Turm bis zur Großen Grotte und in etwa gleicher Breite den östlichen Teil bis ans Nordende des Gartens. In diese Terrasse wurden aus dem damaligen kurfürstlichen „Herrengarten" (er war von Ottheinrich angelegt, dehnte sich zwischen Hauptstraße und Plöck, Theaterstraße und Märzgasse aus) etwa 450 Feigen-, Zitronen-, Pomeranzen-, Granat- und Lorbeerbäume verpflanzt. Hier wurden „mit Zirkel und Lineal" Zierbeete, Heckengärten, Laubengänge und Irrgärten, Weiher, Wasserbecken und Wasserkünste angelegt, Standbilder und andere Bildwerke, Grotten, Türmchen, Lusthäuschen und Galerien geschaffen und heizbare Winterschutzhäuser für die südländischen Bäume errichtet. Heute sieht man als Reste der einstigen Herrlichkeit in der Südostecke nur noch die in den Felsen gesprengte Große Grotte, die einen Springbrunnen und allerlei Wasserkünste enthielt und deren Wände mit geschliffenen Steinen, Muscheln und Korallen besetzt waren, und einige Schritte links von ihr liegt in einem Weiher die einst vielbewunderte, jetzt verwitterte Sandsteinfigur des Rheingottes. Neben der Treppe, die unweit der Großen Grotte auf die Obere Terrasse führt, steht noch eine dreistämmige Hainbuche mit ungewöhnlichen Verwachsungen, die wohl zur Zeit der Entstehung des Gartens hier gepflanzt wurde. Links vom Wege in den Westeingang des Schloßparkkasinos sehen wir zwei Riesentannen (Wellingtonia gigantea). 3. Auf zwei Treppen gelangt man am Südende der Großen Terrasse in die 3,50 m höher gelegene Obere oder Universitäts-Terrasse. Sie war zuerst in viereckige Zierbeete eingeteilt; nach 1804 wurde hier an geschützter Stelle ein Botanischer Garten der Universität angelegt, der einheimische und ausländische Bäume und Sträucher aus der berühmten Schwetzinger Baumschule enthielt. Heute stehen auf den Rasenflächen noch einige seltene Bäume: zwei immergrüne Eichen, eine 20 m hohe Libanon-Zeder und zwei 25 m hohe Riesentannen. 4. Eine Treppe führt von der Universitäts-Terrasse in die Bäderterrasse, die (früher von einem Gärtnerhaus überragt) an der ganzen Südseite von Westen nach Osten entlangführt und dann im rechten Winkel an der Ostseite des Gartens nach Norden abbog. An der hohen südlichen Rückwand waren hinter bogenförmigen Eingängen mehrere Bädergrotten, Heizungskammern, Fischzuchtbecken u. a. eingebaut. Vor den Bädern lag eine schmale Wandelbahn, der Platz für das Palmaillespiel. Die Terrasse wurde an den beiden Enden durch je eine Nische abgeschlossen, von denen die östliche die Statue Friedrichs V., die westliche die der Kurfürstin Elisabeth enthielt. Ein von zwei Säulen flankiertes Portal begrenzt noch heute die Terrasse im Osten. 5. Von der obersten und kleinsten Terrasse, auf die man vom östlichen Ende der Bäderterrasse aus über eine Treppe gelangte, hatte man den weitesten Blick über die Gartenanlage, das Schloß und die Umgebung.

Obwohl nie ganz vollendet, genoß dieser Renaissancegarten zu Beginn des Dreißigjährigen Krieges den Ruf einer zauberhaften Schönheit, war berühmter als das Schloß, wurde als „Wundergarten", als achtes Weltwunder in allen Ländern gepriesen und von den Zeitgenossen in Bildern und Versen verewigt. Dazu kam die eigenartige Lage des Gartens: er war nach drei Seiten abgeschlossen, blieb nur nach Norden offen und bot hier die schönste Fernsicht.

In einem mit Bildern reich geschmückten Werk, das dem neuen König von Böhmen gewidmet war, gab Salomon de Caus eine eingehende Beschreibung des Gartens, wie er nach seiner Vollendung hätte aussehen sollen. Der Garten verfiel im Dreißigjährigen Krieg, vor allem durch den Mangel an jeder Pflege. Karl Ludwig stellte ihn leidlich wieder her, aber die Jahre 1689 und 1693 haben alles von neuem zerstört. Er wurde nach 1693 in Gemüsegärten umgewandelt, 1716—1720 von Karl Philipp erneuert, doch ließ dieser 1720, nach seinem Wegzuge, viele Bildwerke nach Mannheim bringen. Unter Karl Theodor, der seinen neuen Park in Schwetzingen mit Statuen und anderen Skulpturen des Gartens schmückte, verwilderte und verwahrloste er völlig. Er wurde gerodet und als Obst- und Gemüsegarten verpachtet, und nun verschwand·n die letzten Reste der Anlagen.

Mit Karl Friedrich von Baden begannen für den Schloßgarten endlich bessere Zeiten. Er ließ durch den Oberforstrat und Universitätsprofessor Chr. Wilh. Jak. Gatterer 1804—1808 auf der ersten und dritten Terrasse für die Universität forstbotanische und ökonomische Gärten mit vielen ausländischen Bäumen und Pflanzen anlegen und auf der Großen Terrasse außer einem ökonomischen Garten die englischen Parkanlagen schaffen, die 1808 als „öffentlicher Spaziergang" freigegeben wurden. Der Garten war wieder eine Sehenswürdigkeit geworden, wurde von den Dichtern gerühmt (Eichendorff 1807, Goethe 1814), genießt bis heute sorgsamste Pflege der staatlichen Behörde und schenkt unzähligen Menschen Freude und Erholung.

Auch einige Ginkgobäume (Ginkgo biloba), die in Japan und China heimisch sind, wurden 1804 eingeführt. Heute stehen fünf Ginkgobäume auf der Großen Terrasse: einer am Anfang des Weges (rechts), der von der Balustrade in den Nordeingang des Schloßparkkasinos führt, ein anderer gegenüber der aus neuerer Zeit stammenden steinernen „Marianne-Bank" (am mittleren Wege vom Nordende her nach Süden), drei junge Bäume nebeneinander in der Nähe dieser Bank. Einen sechsten Ginkgobaum sehen wir im Stückgarten, wenige Schritte östlich der Goethe-Gedenktafel. Der Ginkgobaum sieht wie ein Laubbaum aus, ist aber in Wirklichkeit ein Nadelbaum, bei dem die Nadeln sich blattartig vereinigen. Die zweigeteilten Blätter dieses geheimnisvollen Fremdlings, dieses „lebenden Fossils" aus der Tertiärzeit, erregten des Naturwissenschaftlers Goethe höchstes Interesse. Er wird seiner Freundin Marianne von Willemer in den Tagen vom 23. bis 25. September 1815 im Schloßgarten den Baum (wahrscheinlich den oben zuerst genannten) gezeigt haben, und am Tage nach Mariannes Abreise sandte er ihr die Verse, in denen die Doppeleinheit Goethes und Mariannes (Hatems und Suleikas) versinnbildlicht werden sollten. Goethe hat das Gedicht in seinen „Westöstlichen Divan" aufgenommen.

Der Schloßgarten wurde zum erstenmal am 20. Juli 1807 durch große Holzstöße festlich beleuchtet, als der Erbgroßherzog Karl von Baden mit seiner Gattin Stephanie, der Adoptivtochter Napoleons I., in Heidelberg war. Die Beleuchtung war von der Stadt und dem Heiligenberge aus gar nicht oder nur wenig zu sehen; sie sollte ein Schauspiel für die Gäste sein, die im Schloßgarten lustwandelten. Zu Ehren der anwesenden Kaiser Franz I. von Österreich und Alexander I. von Rußland, die im Juni 1815, während des neuen Krieges gegen Napoleon, in Heidelberg drei Wochen lang ihre Hauptquartiere hatten, fand am 14. Juni 1815 die erste großangelegte Beleuchtung des Schloßgartens und der Schloßruinen statt: Holz, Reisighaufen und andere brennbare Stoffe wurden hinter der Nordseite des Schlosses, im Stückgarten und im Schloßhof, angehäuft und angezündet; auch der Gesprengte Turm erstrahlte im Flammenschein. Jetzt wurde zum erstenmal auch die Neckarbrücke beleuchtet. Die gleiche Schloßbeleuchtung, „die eine traurige Erinnerung des Brandes unter Mélac wachrufen konnte", fand am 10. Mai 1830 statt, als der neue Großherzog Leopold und Großherzogin Sophie in Heidelberg eingezogen waren.

Die erste „bengalische" Beleuchtung der Schloßruinen veranstaltete die Stadt am 31. Mai 1860, um Großherzog Friedrich I. und Großherzogin Luise zu ehren, die drei Tage lang in Heidelberg weilten. Seitdem haben Millionen von Menschen den unvergeßlichen Augenblick erlebt, in dem das Schloß wie verzaubert aus dem Dunkel der Nacht plötzlich in tiefstem Rot aufflammte.

Anm. 22 siehe S. 101

Anmerkungen

Von Joachim Göricke

1. Zu Seite 2: Hier ist anzumerken, daß neben Karl Schäfers Fund vom August 1897 im März 1976 bei Grabarbeiten im Hofe des Schlosses ein weiteres wichtiges Architekturfragment geborgen werden konnte. Es handelt sich um den gut erhaltenen Rest eines gekuppelten Fensters oder einer Galerie, dessen Zuordnung in das erste Viertel des 13. Jahrhunderts weist. Damit sind – neben einer wie immer zu beurteilenden Kapelle – auch Teile repräsentativer Burgenarchitektur für den unteren Schloßberg vor 1294 nachweisbar. (Vgl. hierzu: Joachim Göricke: Zwei Neufunde zur frühen Baugeschichte des Heidelberger Schlosses, in: Forschungen und Berichte der Archäologie des Mittelalters in Baden-Württemberg, Bd. 6, Stuttgart 1979, S. 181 ff.) – Der Stein befindet sich im Lapidarium des ehemaligen Zeughauses des Heidelberger Schlosses.

2. Zu Seite 7: Vgl. hierzu die sehr plausible Ostansicht des Schlosses, wie sie von Julius Koch und Fritz Seitz: Das Heidelberger Schloß, Darmstadt 1891, auf S. 26 des Textbandes gegeben wird.

3. Zu Seite 8: Diese Gefangennahme des Papstes (Richard-Janillon, S. 12) bzw. sein Einzug in Heidelberg ist in einer Darstellung vermutet worden, die sich großflächig im südöstlichen Raum des Erdgeschosses des Bibliotheksbaues erhalten hat (restauriert bzw. gereinigt im Jahre 1979). Allerdings sprechen die fehlende Ordnung des Ganzen und die mit Damen reich besetzten Galerien eher für eine Turnierszene.

4. Zu Seite 21: Die älteren Bestrebungen zur Rettung der Ruine seien in knapper Form zusammengefaßt:

Am 24. Oktober 1688 rückten die französischen Truppen in Heidelberg ein. Zwischen dem 16. Februar und dem 2. März 1689 wurden durch Mineure Teile der Befestigung gesprengt. Kurfürst Johann Wilhelm (1690 – 1716) ließ in aller Eile die Breschen wieder schließen. Doch bereits am 22. Mai 1693 war die Stadt abermals in französischer Hand. Ab dem 31. Mai wurde wiederum gesprengt.

Johann Wilhelm ließ auch jetzt sofort mit den Reparaturen beginnen. Obwohl in Düsseldorf residierend und von Konfession Katholik, scheint er an eine Aufgabe des Schlosses zu dieser Zeit nicht gedacht zu haben: 1699 war der Friedrichsbau wieder unter Dach. In jene Jahre fällt auch der Plan einer baulichen Aufwertung der Ruinen durch die Anlage eines Neubaues auf dem Stückgarten ganz nach französischem Vorbild. Eine aufwendige Rampenkonstruktion sollte die Zufahrt zum Schloß und zum neu herzurichtenden Ehrenhof herstellen. Der Entwerfer ist sicher in der Düsseldorfer Umgebung des Fürsten zu suchen. Graf Matteo Alberti hatte bereits durch einen stilistisch ähnlichen Entwurf für einen Residenzneubau am Düsseldorfer Rheinufer Vorarbeiten geleistet.

Als Carl Philipp (1716 – 1742) die Regentschaft übernahm, ließ er zunächst Teile des Gartens wieder herrichten: Peter von den Branden erhielt den Auftrag zu einer „statua pedestris", die heute – nach Umwegen über Schwetzingen und durch eine Figur ergänzt – den Mannheimer Marktplatz ziert. Sicher erwog auch Carl Philipp die Wiederherstellung des Schlosses.

Allerdings hatten sich die Vorstellungen von fürstlicher Repräsentanz inzwischen grundlegend geändert: Absolutistischer Glanz suchte sich nicht bloß in allegorischen und traditionellen Formen darzustellen, sondern auch durch eine konzeptionelle Neuordnung der Schloßanlagen als Ganzes. Das Beispiel in nächster Nähe hatte am 17. Juni 1715 der Markgraf von Baden-Durlach, Karl Wilhelm, gegeben: Mit der Grundsteinlegung zur Residenz Carols-Ruhe (Karlsruhe) hatte er – nach dem gescheiterten Experiment seines Vaters Friedrich Magnus in Durlach selbst – die Epoche der Schloßbauten auf der grünen Wiese eingeleitet.

Ähnliche Überlegungen mochten Carl Philipp bewogen haben, als er religiöse Streitigkeiten mit der Heidelberger Bürgerschaft zum Anlaß nahm, die Residenz nach förmlicher Grundsteinlegung am 2. Juli 1720 nach Mannheim zu verlegen.

Dennoch wurde das Heidelberger Schloß notdürftig repariert. Walpergens „Gesamtansicht von Schloß und Stadt von Norden" von 1763 zeigt den Zustand des Schlosses in diesen Jahren sehr genau: Das zerstörte Festungswerk und der ausgebrannte Englische Bau heben sich deutlich von den bedachten Gebäuden des Friedrichsbaues, des Ottheinrichsbaues und der Ökonomiegebäude in der Südostecke des Schloßgevierts ab. (Vgl. Heidelberg vor 200 Jahren. 25 Aquarelle und Zeichnungen von Peter Friedrich de Walpergen (1730 – 1809). [Kalender für das Jahr 1987.] Verlag Brigitte Guderjahn, Heidelberg 1986.)

Kurfürst Carl Theodor (1742 – 1799) scheint – nach schleppendem Baufortschritt am Mannheimer Neubau – ebenfalls den Gedanken einer Neubelebung der Heidelberger Residenz erwogen zu haben. So wurden 1751 das dritte Große Faß gebaut und die Räume im Schloßbereich einer zwar profanen, aber sinnvollen Nutzung zugeführt. Da schlug in der Nacht auf den 25. Juni 1764 der

Blitz in den Glockenturm. Ein rasch sich ausbreitender Brand vernichtete alle Gebäude bis auf die Außenmauern. Nach diesem wohl als ominös angesehenen Zeichen dauerte es fast zwanzig Jahre, bis der Friedrichsbau – und auch dieser wohl nur der Kapelle wegen – wieder unter Dach kam (1782). Auch der Frauenzimmerbau und die sog. Ökonomiegeäude erhielten neue, rigoros praktischen Bedürfnissen angepaßte Dächer.

1777 mußte Carl Theodor seine Residenz nach München verlegen. Damit verschwand auch der Heidelberger Burgberg zunehmend aus dem Blickwinkel fürstlicher Fürsorge. In den überdachten Räumen siedelten sich Fabrikationsräume an. Schon 1767 hatte man begonnen, die Quader des Südwalles nach Schwetzingen als Baumaterial abzufahren. 1784 wurden die Gewölbe im Erdgeschoß des Ottheinrichsbaues eingeschlagen. Das Schloß war zu einem Steinbruch geworden.

Widrige Umstände mannigfacher Art hatten einen Wiederaufbau des Schlosses verhindert. Nahezu einhundert Jahre nach seiner ersten Zerstörung war es noch immer eine Ruine. Auch nach dem Anschluß der rechtsrheinischen Pfalz an Baden (1803) änderte sich daran nichts. Weder war an eine Verlegung der badischen Residenz zu denken (auch nicht als die Kurwürde für drei Jahre an die Badener fiel), noch waren die Mittel für eine wie immer geartete Sicherung der Ruine zur Hand.

5. Zu Seite 25: Diese sogenannte „Sattelkammer“ war vor der Einbindung in die Gartenarchitektur des Salomon de Caus offenbar Teil einer vorgelagerten Befestigung, eines Vorwerkes. Wie bei den Umbauarbeiten an diesem Bauteil in den Jahren 1977 bis 1980 – Einbau eines Schnellimbisses – festgestellt wurde, steckt in dem verwinkelten Teil der südlichen Stützmauer auch ein runder, ca. 3,50 m starker Turmstumpf, der Teil dieser Befestigungsanlage gewesen sein könnte.

6. Zu Seite 27: Seit 1965 zieren Kopien die Plätze der „Torriesen“. Die Originale stehen unter Dach im Lapidarium des ehem. Zeughauses.

7. Zu Seite 31: Seit den 70er Jahren finden im Schloßhof die „Heidelberger Schloßspiele“ mit zunehmend qualitätvolleren Aufführungen von Stücken auch aus dem Umfeld der barocken Oper und des Singspiels statt.

8. Zu Seite 37: Der Ruprechtsbau ist Ende der 50er Jahre auch im nördlichen Erdgeschoßbereich ausgebaut worden, um die Modelle des Schlosses, wie sie dort heute noch zu sehen sind, aufzunehmen. Zu Beginn der 70er Jahre sind auch die beiden oberen Räume zu Ausstellungs- und Repräsentationszwecken unter Dach gekommen. Es entstanden der sog. „Gartensaal“ (über dem „Rittersaal“) und im nördlichen Bereich (über dem „Modellsaal“) der „Junkersaal“. Dort sind die Originale der kunstvoll gearbeiteten Zunft- und Wappenscheiben zu sehen, sogenannter Kabinettscheiben, die 1834 der Garteninspektor Johann Metzger (1779 – 1852) aus der Sammlung der Familie Wamboldt von Umstadt erworben hatte. An ihrem ursprünglichen Platz im Rittersaal hängen heute Kopien, die in meisterhafter Art von der Glasmalerei Peter Meysen in Heidelberg hergestellt wurden.

Im Gartensaal hat ein barocker Kachelofen aus dem Jahre 1772 seinen neuen Standort gefunden, der jahrelang im 1972 abgebrochenen Schloßparkkasino seine Dienste getan hatte. Beschafft wurde dieser Ofen (wie ein zweiter sog. Winterthurer Ofen im Friedrichsbau) durch Karl Schäfer, der damit die Schloßausstattung im Sinne seiner Wiederaufbaupläne verbessern wollte.

Das Engelsrelief befindet sich im Original heute im Obergeschoß des Ruprechtsbaus. Am Toreingang hängt eine Kopie aus den 60er Jahren.

9. Zu Seite 42: Grabungen im Kellergeschoß des Bibliotheksbaues haben 1977 eine Zisterne zutage gefördert, die bereits im Zwinger vor der Errichtung des Gebäudes bestanden haben könnte. Die Steinbearbeitung der sorgfältig gefugten, mit Falzen versehenen Zisterneneinfassung erinnert an mittelalterliche Bearbeitungstechniken. Die Wichtigkeit des Bassins, das sicher von einem Gebäude umschlossen war, muß so groß gewesen sein, daß es in den Keller des Neubaues übernommen wurde. (Vgl. Joachim Göricke: Zwei Neufunde zur frühen Baugeschichte des Heidelberger Schlosses, in: Forschungen und Berichte der Archäologie des Mittelalters in Baden-Württemberg, Bd. 6, Stuttgart 1979, S. 181 ff.) In den Kellerräumen des Gebäudes sind 1977 Sozialräume für die Schloßarbeiter eingerichtet worden. Das Erdgeschoß beherbergt in zwei Räumen, der älteren Tradition gemäß, das Schloßarchiv.

10. Zu Seite 45: Fast unverändert zeigt das Innere des Frauenzimmerbaues, der Königssaal, das Bild, das ihm 1934 Ludwig Schmieder gegeben hatte. Den gestiegenen Anforderungen an die Sicherheit der Besucher Rechnung tragend, sind jedoch 1984 umfangreiche technische Einbauten erfolgt: Brandmeldeanlage, Lüftungsanlage, Beleuchtungs- und Bühnentechnik sind auf den neuesten Stand gebracht worden. Seit 1980 beherbergt der Königssaal auf seiner westlichen Empore ein Unikat: Die aus dem abgebrochenen Capitol-Kino in Heidelberg gerettete Kino-Orgel aus dem Jahre 1928.

11. Zu Seite 45: Vgl. hierzu Anmerkung 1.

12. Zu Seite 48: 1951 und 1953 sowie 1956 sind hier die Räume der Schloß-Weinstube eingerichtet worden. In behutsamer Anpassung an die vorhandenen baulichen Reste und die Bedürfnisse einer traditionellen kurpfälzischen Gastronomie haben hier Karl Kölmel und Hermann Baier ein Interieur geschaffen, das in unaufdringlicher Weise Zweck und Geschichte – ganz im Sinne Schäferscher Wiederherstellungen – miteinander verbindet.

13. Zu Seite 60: Für den hier geschilderten Umstand wie auch für die Frage der Erschließung der Obergeschosse über mittelalterliche Wendeltreppen scheint der Grund in einer generellen Diskrepanz zwischen Fassade und Grundriß zu liegen. Die Fassade mit ihrem Mittelportal, hinter dem ein opulentes Treppenhaus oder doch zumindest ein gut organisierter Zugang zu den Prunksälen vermutet wird, steht in deutlichem Gegensatz zu der mittelalterlichen Organisation des Grundrisses. Die von Oechelhäuser geschilderten Unzulänglichkeiten an verschiedenen Fassadenteilen unterstreichen in gleicher Weise den Applikationscharakter der neuen Kunstform, mit deren Art und Programm der Umgang eben noch ungewohnt war. Aber vielleicht macht dieser Umstand den besonderen Reiz dieser Architektur aus.

Die Originalfiguren sind bereits durch Karl Schäfer ausgewechselt und durch Kopien ersetzt worden.

1955 – 1957 ist die Fassade des Ottheinrichsbaues zum letzten Male gründlich instandgesetzt worden. Aus jenen Jahren stammen auch die Einbauten und Überdachungen, die anläßlich der großen Ottheinrichs-Jubiläumsausstellung 1956 vorgenommen wurden. (Vgl. hierzu: Hermann Baier: Renovierungsarbeiten am Ottheinrichsbau des Heidelberger Schlosses 1954 – 1956, in: Sonderband Ottheinrich der Ruperto-Carola, 1956, S. 308 ff.)
Im Frühjahr 1986 fand ein weiterer grundlegender Umbau dieser Räume für die Renaissance-Ausstellung des Badischen Landesmuseums „Die Renaissance im deutschen Südwesten" (Juni bis Oktober 1986) anläßlich der 600-Jahrfeier der Universität statt.

14. Zu Seite 62: Zu Alexander Colin liegt eine grundlegende Arbeit von Helga Dressler vor: Alexander Colin, Inaugural-Dissertation Albert-Ludwigs-Universität Freiburg i. Br., Karlsruhe 1973.

15. Zu Seite 64: Von Johannes Schoch (vor 1550 – 1631) stammen neben seinen Straßburger Bauten auch Teile des Bischofspalastes in Speyer (1615) und das Schloß in Gottesaue bei Karlsruhe (um 1588, zusammen mit P. Murer). Für die Rekonstruktion des Dachgeschosses am Gottesauer Schloß, die eben im Gange ist, hat man sich am Friedrichsbau orientiert.

16. Zu Seite 69: 1958 – 1960 sind sämtliche Räume des Friedrichsbaus renoviert worden. Der damaligen Auffassung entsprechend, ist die „derbe, aufdringliche Ausmalung" in weißen Farbtönen überstrichen worden. Inzwischen hat sich jedoch in der Beurteilung der Kunst des ausgehenden 19. Jahrhunderts ein Wandel vollzogen: Schäfers Innendekorationen, von dem Maler Karl Dauber seinerzeit ausgeführt, stellen eine durchaus originelle Kunstäußerung dar und sind damit für sich bereits wieder eine Art Kulturdenkmal. Man hat deshalb in einigen Räumen der Obergeschosse die noch prüfbaren farblichen Fassungen Schäfers teilweise wiederhergestellt (1976 – 1979).

17. Zu Seite 84: Der Englische Bau ist in den Jahren 1978 – 1981 gründlich instandgesetzt worden. Hierbei spielte insbesondere die Sicherung des Ostgiebels durch Anbinden an die zu ergänzenden Teile der Nordfassade eine Rolle. Neben den statisch notwendigen Maßnahmen war so Gelegenheit gegeben, eine Partie der sonst verschwundenen palladianischen Großordnung sichtbar zu machen.

Noch einige Worte zum Englischen Bau aus heutiger Sicht: Neben den beiden Repräsentationsbauten Ottheinrichs und Friedrichs IV. ist der Bau Friedrichs V. in der Literatur zur Baugeschichte immer etwas untergeordnet behandelt worden. Dabei ist seine Rolle innerhalb der baulichen Entwicklung des Schlosses nicht unwichtig. Während der Ottheinrichsbau eine ganz auf den Innenhof des Schlosses ausgerichtete Fassade besitzt, hat der Friedrichsbau bereits auch eine Stadtfassade, wenn auch ohne den reichen Schmuck der Figuren. Erst der Englische Bau hat eine ganz auf die Stadt ausgerichtete Fernwirkung; die Gartenfassade ist so harmlos, daß John Harris allen Ernstes an zwei verschiedene Architekten für Nord- und Südfassade dachte. An den drei zitierten Bauten wird sichtbar, wie die Entwicklung des Schlosses von der mittelalterlichen Burg zum repräsentativen Fürstensitz verlaufen ist.

Allgemein wird angenommen, daß Inigo Jones (1572 – 1651) der Architekt des Gebäudes ist. Dafür sprechen stilkritische Vergleiche und seine gesellschaftlichen Verbindungen. Die ehemals imponierende Großordnung der Stadtfassade ist ohne das Beispiel des Andrea Palladio nicht denkbar; Jones war glühender Verehrer Palladios. Im Gefolge des jungen Fürstenpaares – Friedrich V., der spätere Winterkönig, und seine ihm eben angetraute Gemahlin Elisabeth aus dem Hause Stuart – kam Jones im Juni 1613 für eine Woche nach Heidelberg. Mit dem zweiten Earl of Arundel, Thomas Howard, reiste er anschließend über Basel nach Mailand weiter, von dort über Parma nach Venedig. Daraus kann geschlossen werden, daß Jones die Pläne zum Neubau vorab nach Heidelberg gesandt hatte. Das gilt mit großer Wahrscheinlichkeit auch für die des sogenannten Elisabeth-Portals im südlich vorgelagerten Gartenteil des Schlosses, dem Stückgarten. Ob Bau und Portal ganz nach seinen Vorstellungen errichtet wurden, läßt sich mangels Unterlagen nicht feststellen.

Persönliche Verbindungen zum englischen Königshaus sind ein weiteres Indiz für die Annahme, daß Jones der Architekt des Gebäudes ist: Wie der fast gleichaltrige Salomon de Caus (1576 bis 1626), dessen Sohn Isaak später im Atelier Jones arbeitete, hatte auch er als Aufseher der königlichen Bauten (seit 1615) engsten persönlichen Kontakt zum Königshaus. (Vgl. hierzu: Lili Fehrle-Burger: Das Heidelberger Hoftheater, in: Ruperto-Carola, Jg. XV., Bd. 35, 1964; Joachim Göricke: Zur geplanten Sicherung der Ruine des Englischen Baues auf dem Heidelberger Schloß, in: Denkmalpflege in Baden-Württemberg 1/1979, S. 8 ff.; Joachim Göricke: Formen fürstlicher Selbstdarstellung an den Kurpfälzischen Schlössern Heidelberg, Mannheim und Schwetzingen, in: Badische Heimat, 3. Heft 1979, S. 353 ff.; John Harris: Heidelberg, Holl, Jones und das serlianische Zwischenspiel, in: Elias Holl und das Augsburger Rathaus, Regensburg 1985, S. 118 ff.)

18. Zu Seite 87: Seit 1972/73 sind durch Ausräumen des Rondells und Wiederherstellung von Gängen und Treppen diese Teile der Befestigungsanlage im Rahmen von Führungen wieder zugänglich.

19. Zu Seite 89: Der „Krautturm“ wird seit 1985 saniert. Dabei wird der Behandlung der Mauerkronen des Umganges und der künftigen Benutzbarkeit für Führungen besonderes Augenmerk gewidmet.

20. Zu Seite 90: Seit 1957 hat das Deutsche Apotheken-Museum einige Räume im Ludwigsbau und im Apothekerturm für seine Sammlung von zahlreichen Schaustücken erhalten. Der Eingang befindet sich unter der Freitreppe zum Ottheinrichsbau.

21. Zu Seite 92: Dem Andenken Victor von Scheffels ist heute ein einfacher Stein mit einem Porträt-Medaillon, das der Heidelberger Bildhauer Helmut Waldher schuf, gewidmet, den die Studentenverbindung Frankonia 1976 in der Nähe des ehemaligen Scheffelrondells aufstellen ließ. (Vgl. Sabine Wetzig: Die Denkmäler für Karl Gottfried Nadler und Joseph Victor von Scheffel, in: Heidelberger Denkmäler 1788 – 1981. Neue Hefte zur Stadtentwicklung und Stadtgeschichte, Heft 2, Heidelberg 1982, S. 36 ff.)

22. Zu Seite 95: Der Schloßgarten hat in seiner Wertung und in seinem Aussehen in den vergangenen Jahren bedeutende Veränderungen erfahren. Neben der Freilegung der Terrassen als den Hauptstrukturelementen des vorbarocken Gartens sind es insbesondere die wiederhergestellten Bassins um den Vater Rhein herum, die nach dem Abbruch des Schloßparkkasinos (1972) dem Garten einen Teil seines alten Charakters wiedergegeben haben. Sowohl die Balustraden der Terrassenabschlüsse als auch Treppen und Stützmauern zeigen heute weitgehend den Zustand des de Caus'schen Gartens. Im Mai 1980 fand eine größere Ausstellung zur Geschichte des Gartens und seiner beabsichtigten Wiederherstellung statt: „Heidelbergs Pfälzischer Garten im Spiegel der Jahrhunderte". Im Zuge der Neuordnung des Gartens nach den Plänen de Caus' sind natürlich Teile der „romantischen" Gartenstruktur verlorengegangen. Resultat neuerer denkmalpflegerischer Überlegungen ist die Sichtbarmachung der historischen Gartenstruktur, die auch in Zukunft alle Möglichkeiten zur weiteren Wiederherstellung von Teilen des vorbarocken Gartens zuläßt.

Neben den Bassins um den Vater Rhein (1974 – 1978) sind das Portal Friedrichs V. (1978 bis 1983) und die ehemalige Fischzuchtanlage (1970/71) sowie die Grotten (1971) Ziel einer planmäßigen Instandsetzung bzw. Konservierung gewesen. Mit diesen architektonischen Rahmungen wird – auch ohne die durch Foucquières in seinem großformatigen Gemälde (siehe Tafel 28) überlieferten Einzelheiten und die Angaben durch de Caus selbst – das Bild des manieristischen Pfälzer Gartens wieder lebendig. (Vgl. hierzu: Richard Patterson: The „Hortus Palatinus" at Heidelberg and the Reformation of the World, in: Journal of Garden History, Vol. 1, No. 1, Jan.–March 1981, S. 67 ff.; Günther Debon: Das Brunnengedicht des Divan, in: Euphorion, 74/1980, S. 198 ff. Grundlegend nach wie vor: Ludwig Schmieder: Der Heidelberger Schloßgarten, in: Mannheimer Geschichtsblätter, Jg. 37, 1936; jetzt neu: Hortus Palatinus. Die Entwürfe zum Heidelberger Schloßgarten von Salomon de Caus 1620. Teil 1: Faksimile. Teil 2: Kommentar von Reinhard Zimmermann. Wernersche Verlagsgesellschaft, Worms 1980 und 1986.)

Die von den Herren Emil Hartmann und Aloys Wannemacher gegebene Beschreibung des Schloßgartens hinsichtlich seines Baumbestandes ist nicht mehr zeitgemäß. Der Text ist dennoch übernommen worden, um die Gartenanlage der 50er Jahre zu dokumentieren. Zu den Absichten und dem jetzigen Zustand des Gartens vgl. Joachim Göricke und Walter Schwenecke im Faltblatt zur Hortus-Palatinus-Ausstellung im Jahre 1980.

Anhang

Die Heidelberger Schloßruine im Rahmen der romantischen Bewegung

Von Joachim Göricke

Die Popularität der Heidelberger Schloßruine wurde verstärkt durch die Erbauungs- und Verklärungstendenzen der romantischen Bewegung. Daneben haben politische und wirtschaftliche Umstände um die Wende vom 18. zum 19. Jahrhundert zum Mythos der Ruine beigetragen. Ohne in den komplexen Bereich einer Bewertung der Ideen der Romantik eintreten zu wollen, seien hier einige Erläuterungen und Gedanken zu Adolf von Oechelhäusers neu vorgestelltem Schloßführer einerseits, zum Umfeld der Heidelberger Ruine im Rahmen der romantischen Bewegung andererseits angemerkt.

1891 war Oechelhäuser als Lehrer für Kunstgeschichte an die Technische Hochschule Fridericiana nach Karlsruhe berufen worden. Fast zwanzig Jahre wirkte er am badischen Inventarisationswerk mit, auf das er 1913 mit „freudiger Genugtuung" zurückschauen konnte, „dankbar, daß es ihm vergönnt war, einige Bausteine mit beizutragen zu dem Fundament, auf dem sich die Geschichte der deutschen Kunst demnächst sicher und in überraschender Großartigkeit neu aufbauen wird".

Der Inventarisationsgedanke entsprach den Ideen des vergangenen Jahrhunderts – das wir nicht zu Unrecht das „historistische" nennen – nach Erfassung und Sichtung, wissenschaftlicher Bearbeitung und künstlerischer Deutung, wie er nur in einer historistischen Epoche entstehen konnte. „Eine Constatierung dessen, was überhaupt noch vorhanden war, eine Inventarisierung der Denkmäler mußte hier als die erste und notwendigste Maßnahme erscheinen", schrieb Franz Xaver Kraus 1887 im ersten Band (Kreis Konstanz) des badischen Inventarisationswerkes. „Endlich", so Kraus weiter und damit einen wichtigen Wesenszug in der Bau- und Kunstgeschichte des 19. Jahrhunderts andeutend, „ist die Bekanntmachung der vaterländischen Denkmäler von der größten praktischen Bedeutung für die Fortentwicklung der nationalen Kunst."

Auch in Heidelberg glaubte man an diese Entwicklung der Baukunst: Was lag näher – bei genauester Kenntnis der historischen Formen und Techniken –, als das Schloß, dessen Zustand „an die von dem eben besiegten Frankreich Deutschland zur Zeit seiner Zersplitterung angetane Schmach" erinnerte, wieder aufzubauen.

1883 wurde das „Schloßbaubureau" gegründet, dem die Architekten Julius Koch (1852 – 1913) und Fritz Seitz (1851 – 1929) vorstanden. Anlaß zur Gründung dieses bis 1889 bestehenden Büros war die immer wieder debattierte Frage nach einem möglichen Wiederaufbau des Schlosses. Seine Ziele waren die Schaffung einer präzisen Bauaufnahme aller Teile des Schlosses, die

Untersuchung der einzelnen Ruinenteile und der Fundamente. Diese Bauaufnahme sollte den Befund der Gesamtanlage sozusagen als eine Momentaufnahme des gerade herrschenden Zustandes festhalten. Der Wiederaufbaugedanke ging einher mit zeitgenössischen politischen Tendenzen, wie sie insbesondere nach dem siegreichen Feldzug gegen Frankreich 1870/71 laut wurden. Die oben zitierte Äußerung des bayerischen Architekten- und Ingenieurvereins möge das belegen. Der Schutz der baugeschichtlich bedeutsamen Fassaden des Gläsernen Saalbaus und Ottheinrichsbaus bildete ein durchaus akzeptables bautechnisches Argument für einen eventuellen Wiederaufbau.

Aber es gab auch eine bedeutende Gruppe von Gegnern des Wiederaufbaus, in erster Linie eine jüngere Generation von Kunsthistorikern um Cornelius Gurlitt (1850 – 1938). Er hatte die grundsätzliche Trennung und Neufassung der Begriffe Denkmalpflege und zeitgenössische Baukunst vorgeschlagen: die Notwendigkeit der Denkmalpflege als einer kulturellen Aufgabe einerseits und die Entwicklung einer zeitgemäßen Baukunst andererseits. Um den verunklärenden Vermischungen historischer Baudenkmäler mit historistischer Architektur – zum Nachteil des vorgefundenen Zustandes – entgegenzutreten, empfahl er eine Revision des Verhältnisses der Architekten zur Geschichte. Man schaffte nicht im Geiste der Altvorderen, „wenn man in ihren Formen arbeitet, sondern wenn man ebenso selbständig dem Ziel zuschreitet, wie sie es einst taten". Für das Heidelberger Schloß hieß das: Erhaltung und Sicherung des Bestehenden, keinesfalls ein Wiederaufbau.

Diesem Kreis um Gurlitt gesellte sich alsbald eine Gruppe Spät- oder Nachromantiker zu. Das waren Burschenschaftler und Universitätslehrer um Henry Thode (1857–1920), der als Kunsthistoriker von 1893 bis 1911 in Heidelberg wirkte. Dieser Kreis sah in der wildwachsenden, nur wenig korrigierten Natur und in den vielen vergehenden Bauten ein Sinnbild der menschlichen Existenz mit all ihren Unzulänglichkeiten. Man berief sich auf die Romantik, die die Ruine als künstlerisches Ausdrucksmittel entdeckt und sie in ihre Lebensphilosophie übernommen hatte.

Allen Anfeindungen zum Trotz hat dann zu Beginn der 90er Jahre Karl Schäfer (1844 – 1908) auf der Grundlage der Aufmaßarbeiten von Koch und Seitz mit der Restaurierung und dem Wiederaufbau des Friedrichsbaues begonnen. Er restaurierte das Äußere nach alten Vorlagen, gab den Innenräumen jedoch ein ganz persönliches Bild seiner Auffassung von der Dekorationskunst der Renaissance. „Nachahmungen alter Werke sind künstlerisch wertlos", hatte Gurlitt zu bedenken gegeben, sie „werden zu widerlichen Fälschungen, sobald sie nicht als Nachahmungen erkannt werden können". Denkmalpflege im Sinne Schäfers war durch das Bemühen gekennzeichnet, dem historischen Befund eigene Interpretationen zuzuordnen, die sich jedoch so wenig wie möglich vom Original unterscheiden sollten. Beispiele hierfür sind die Domtürme in Meißen, Jung-St. Peter in Straßburg oder die Universitätsbauten in Marburg, die er ganz nach den Heidelberger Grundsätzen bearbeitet hatte. Die Integration des Vorhandenen in die eigenen Absichten ließ dann allerdings eine klare Abgrenzung zwischen alt und neu in vielen Fällen nicht mehr zu.

Zum hundertjährigen Jubiläum der Zugehörigkeit der rechtsrheinischen Pfalz zu Baden fanden im August 1903 die offiziellen Einweihungsfeierlichkeiten im Friedrichsbau statt. Die allgemeinen Urteile reichten von schroffer Ablehnung bis zu euphorischer Begeisterung: Im Zentralblatt der Bauverwaltung schrieb Karl Illert: „Die Freude . . . wird vielmehr noch erhöht in dem Bewußtsein, daß unsere Zeit einen Meister aufzuweisen hat, der dies kostbare Erbe einer glanzvollen Vergangenheit in solch vollendeter Weise zu retten verstand, um es für uns wiederzuerwerben und der Nachwelt zu vererben."

Schäfers Aufbaupläne für den Gläsernen Saalbau und den Ottheinrichsbau sind ebenfalls überliefert. Der badische Großherzog Friedrich hat den Wiederaufbau wohl gutgeheißen und darin eine Forderung der Zeit an das Fürstenhaus gesehen. Die Ausführung unterblieb jedoch, nachdem sich die Auffassungen der modernen Denkmalpflege durchgesetzt hatten: Das Heidelberger Schloß ist als Ruine ein Baudenkmal, auch die geglücktesten, historisch wie bautechnisch einleuchtenden Zutaten müssen unterbleiben.

Die hier am Ende des Jahrhunderts sich vollziehenden Auseinandersetzungen hatten – wie angedeutet – ihren Ursprung in Umständen, die zwei Generationen oder länger zurücklagen.

Baukünstlerische Äußerungen der Romantik standen, wie alle kulturellen Ereignisse um die Wende vom 18. zum 19. Jahrhundert, unter dem Aspekt des Umbruches. Was sich oft nur wie ein Generationskonflikt darstellte, waren in Wirklichkeit Veränderungen in allen Lebensbereichen als Folge der Französischen Revolution einerseits, des technischen und industriellen Aufbruches andererseits. Um- und Neubewertungen geschichtlicher Fakten gingen einher mit politischen und sozialen Veränderungen größeren Ausmaßes.

Neuordnung und Sichtung waren auch im schmalen Bereich der Baukunst die herausragenden Tendenzen. Hatte die klassizistische Baugesinnung nach Überschaubarkeit und Ordnung getrachtet, sich außerdem als eine wichtige Form bürgerlichen Selbstverständnisses dargestellt, so zeigten sich in den Absichten der romantischen Baukunst Tendenzen zum Mythologischen, zum Märchenhaften und Unwirklichen, der Hinwendung zur deutschen Vergangenheit.

Als ein Verknüpfungspunkt der romantischen Bewegung mit der Baukunst stand an erster Stelle die Ruine, und zwar zunächst die künstliche. Sie tauchte zuerst in der Baukunst – eigentlich Gartenkunst – der Frühromantik auf. Ihr Ziel, „durch Kunst exaltierte Natur" (Schiller) zu schaffen, dazu einen wechselnden Stimmungshintergrund zu bilden, war ein wichtiger Programmpunkt der romantischen Lebensauffassung. So rückten zwangläufig auch die „echten" Ruinen in den Bereich des Interesses. Daß die Heidelberger Schloßruine hierin eine besondere Rolle zu spielen hatte, lag an mehreren Umständen: nicht nur am erwähnten Stimmungshintergrund, sondern wohl auch an der besonderen Geschichte und Bedeutung als Sitz eines relativ alten Adelsgeschlechtes und an der einstmals politischen Bedeutung für den süddeutschen Raum, aber auch an der besonderen landschaftlichen Lage über Stadt und Fluß. An der Schloßruine wurde der „wunderbar innige Bund hinsterbenden Menschenwerkes mit der ewig sprießenden Natur" (Pfaff) in selten harmonischer Weise sichtbar. Denn wie kaum anderswo hat in Heidelberg auch das so wichtige Element „Natur“ zum Gedeihen des romantischen Lebensgefühls beigetragen. Was Heine in seiner „Romantischen Schule“ zwar überspitzt, aber dem Wesen nach richtig erfaßte, die „geheimnisvolle Innigkeit“, das „sonderbare Einverständnis mit der Natur“, das ist hier wie sonst selten so glücklich zusammengetroffen.

Die Ruine erschien als ein Gleichnis für die menschliche Existenz: zwar Menschenwerk, doch von der Natur zurückerobert. Die Endlichkeit des Daseins gegenüber der unendlichen Natur, Glanz und Vergänglichkeit menschlicher Bemühungen schienen im Bilde der Ruine manifestiert. Literarisch vorbereitet, von den Malern begeistert aufgenommen, wurde sie zum Sinnbild einer neuen Epoche spezifisch deutscher Empfindsamkeit. Die mittlerweile fast zugewachsene Ruine des Heidelberger Schlosses begann, eine Sehenswürdigkeit zu werden.

Ruinen waren nichts Außergewöhnliches. Seit der Mitte des 18. Jahrhunderts kannte man zunehmend solche der Antike in Italien und Griechenland. Selbst die nähere Umgebung – das Neckar- und Rheintal – bot Bilder zerstörter Burgen und Adelssitze aus der Zeit der Bauernkriege oder aus dem 30jährigen Krieg, ganz zu schweigen von den Trümmern des Pfälzischen Erbfolgekrieges. Auch die künstliche Ruine als pittoresker Reiz war seit der Einführung des Englischen Gartens auf dem Kontinent bekannt. Zumindest seit der Anlage von Wörlitz (ab 1764), Wilhelmshöhe (ab 1785) und Teilen des Schwetzinger Gartens (ab 1777) war sie nichts Ungewöhnliches mehr. Diese Bauten – meist freie Nachbildungen antiker Vorbilder – waren Kuriositäten und wurden vom gelehrten oder gebildeten Betrachter als solche akzeptiert. Es bestand eine gewisse Übereinkunft darüber, daß diese „Anachronismen“ mehr oder weniger als Scherze und Bereicherungen, auch wohl als Ausdruck geistiger Beweglichkeit und Bildung zu betrachten seien. Durch die einsetzende romantische Bewegung erhielt jedoch die Ruine eine ganz andere, neue Bewertung. Cornelius Gurlitt hat darauf hingewiesen, daß aus der spielerischen Anwendung historischer Requisiten, wie sie künstliche Ruinen zweifellos darstellten, nun fanatischer Ernst wurde.

Es wandelte sich aber auch das Verhältnis zu gewissen historischen Stilepochen. Während in der zweiten Hälfte des 18. Jahrhunderts die Baukunst des Mittelalters und der Renaissance in keiner besonderen Gunst stand, lassen sich nun unter dem Einfluß der literarischen romantischen Bewegung neue Strömungen erkennen.

Die fatale politische Situation nach dem Wiener Kongreß gab der Neubewertung geschichtlicher Zusammenhänge einen fruchtbaren Nährboden. Die Folge war eine Verschiebung des Kunstempfindens, wie Wilhelm Waetzoldt es nennt, zu der insbesondere auch die literarischen Arbeiten Wilhelm Heinrich Wackenroders und Ludwig Tiecks beigetragen hatten. Es trat eine Umwertung geschichtlicher Tatbestände ein, die ihre eigentliche Wurzel wohl in der restaurativen europäischen Großmacht-Politik hatte: Das Resultat war eine neue künstlerische Betrachtungsweise. Die Bekanntschaft mit den mittelalterlichen Kunstwerken, z. B. durch die Boisserée'sche Sammlung in Heidelberg vermittelt, steigerte das Mißtrauen gegen die gewandten Techniker der Malkunst; Ernst und Gesittung rückten in den Mittelpunkt. Nicht mehr die höchste Könnerschaft, sondern das höchste Empfindungsvermögen galt als Bewertungsgrundlage und gab den Ausschlag.

In Deutschland wandte sich das Augenmerk auf die Vergangenheit, und zwar – im Gegensatz zu klassizistischen Neigungen – auf die deutsche Vergangenheit. Die Gotik, als „die Sprache, . . . der Geist des Christenthums“, wie August Reichensperger noch 1845 formulierte, wurde durch R. Wiegmann 1839 in Verbindung mit dem Kölner Dom zu einer deutschen Bauepoche geprägt. Dabei nahm er in Kauf – wie A. Mann dargelegt hat –, daß die Anteilnahme der Öffentlichkeit in erster Linie den historischen und nationalen Aspekt honorierte, weniger den künstlerischen. 1862 legten Mertens und Lohde die französischen Wurzeln der Gotik bloß. Heinrich Hübsch, kein „Deutschthümler“, hatte schon 1847 in dieser Dombauangelegenheit gemutmaßt, daß offenbar Geschichte und politische Absicht in unzulässiger Weise miteinander vermengt worden waren.

Es dürfte schwerfallen, der romantischen Bewegung politische Wirkungen zuzuschreiben. Sicher stellte sich mit der Betrachtung ehemaliger Größe und vergangenen Glanzes auch ein neues Selbstwertgefühl ein. Aber es fehlte der wichtigste Grundstein nationalstaatlichen Fühlens, die territoriale Einheit, die politische Einigung.

So nimmt die Entwicklung des Heidelberger Burgberges mit seinen Ruinen zu einer vielverehrten und gepriesenen, dem neuen Zeitgefühl so entsprechenden Pilgerstätte nicht mehr wunder. Die Ruine als ein konservierter Teil einer glanzvollen Vergangenheit, eingebettet in die geheimnisvoll rauschenden Wälder der Umgebung, Zeichen einstiger Macht und Größe, rief Schauder und Bewunderung hervor.

Während am Kölner Dom durch Weiterbau das geschichtliche Kontinuum beschworen wurde, war in Heidelberg gerade durch die Wahrung des bestehenden Zustandes einer der romantischen Hauptgedanken sichtbare Form geworden: Geschichte in erstarrter Form, hier als Zeichen menschlicher Unterordnung unter eine höhere Gewalt.

Herrschertafel und wichtigste Ereignisse

HOHENSTAUFEN			
Konrad	1155—1195	1155	Kaiser Friedrich I. Barbarossa ernennt seinen Stiefbruder Konrad von Hohenstaufen zum Pfalzgrafen bei Rhein
WELFEN			
Heinrich I.	1195—1211	1196	Erste urkundliche Erwähnung Heidelbergs
Heinrich II.	1211—1214		
WITTELSBACHER			
Alte Kurlinie			
Ludwig I.	1214—1228	1225	Erste urkundliche Erwähnung einer Burg
Otto	1228—1253		
Ludwig II.	1253—1294		
Rudolf I.	1294—1319	1303	Erste urkundliche Erwähnung einer oberen und einer unteren Burg
[Kaiser Ludwig IV. Regent der Pfalz]	[1319—1329]	1329	Trennung der Pfalz von Bayern (Hausvertrag von Pavia)
Rudolf II. gemeinsam mit Ruprecht I.	1329—1353		
Ruprecht I. allein	1353—1390	1356	Die Würde des ersten weltlichen Kurfürsten, das Amt des Erztruchsessen, des obersten Richters und des Reichsverwesers werden erblich für die Pfalzgrafen bei Rhein (Reichsgesetz der „Goldenen Bulle“)
		1386	Gründung der Universität
Ruprecht II.	1390—1398	1392	Erweiterung der Stadt

Ruprecht III. [als Deutscher König Ruprecht I. 1400—1410]	1398—1410	1410	Aufteilung der Pfalz durch Ruprecht III. unter seine vier Söhne (Alte Kurlinie, Pfalz-Simmern-Zweibrücken, Oberpfalz, Pfalz-Mosbach)
Ludwig III.	1410—1436		
Ludwig IV.	1437—1449		
Friedrich I.	1449—1476	1462	Sieg bei Seckenheim
Philipp	1476—1508	1503—1507	Bayrisch-Pfälzischer Erbfolgekrieg
Ludwig V.	1508—1544	1537	Zerstörung der oberen Burg durch Blitz
Friedrich II.	1544—1556		
Otto Heinrich	1556—1559	1556	Einführung der Reformation
Pfalz-Simmern			
Friedrich III.	1559—1576	1565	Heidelberg „das deutsche Genf“
Ludwig VI.	1576—1583		
Johann Kasimir Landesverweser für seinen Neffen Friedrich	1583—1592		
Friedrich IV.	1592—1610	1608—1610	Führer der Protestantischen Union
Friedrich V.	1610—1619 (gest. 1632)	1610—1619	Führer der Protestantischen Union
		1619	Die Pfalz „zieht nach Böhmen“
		1622	Einnahme von Stadt und Schloß durch die Kaiserlichen (Tilly)
[Herzog Maximilian von Bayern Verwalter der Pfalz]	[1623—1648]	1623	Wegführung der „Bibliotheca Palatina“ nach Rom
		1633	Eroberung durch die Schweden
		1635	Wiedereinnahme durch die Kaiserlichen
		1648	Die Oberpfalz und die alte rheinische Kurwürde fallen an die jüngere bayrische Linie. Karl Ludwig erhält die Rheinpfalz zurück und die neu errichtete achte Kur (Westfälischer Friede)

Karl Ludwig	1649 — 1680		
Karl	1680 — 1685		

Pfalz-Neuburg

Philipp Wilhelm	1685 — 1690	1688	Einnahme von Stadt und Schloß durch die Franzosen
		1689	Erste Zerstörung von Stadt und Schloß durch die Franzosen
Johann Wilhelm	1690 — 1716	1693	Zweite Zerstörung durch die Franzosen
Karl Philipp	1716 — 1742	1720	Verlegung der Residenz nach Mannheim

Pfalz-Sulzbach

Karl Theodor	1742 — 1799	1777	Wiedervereinigung der Pfalz mit Bayern

Pfalz-Birkenfeld-Zweibrücken

Maximilian Joseph	1799 — 1802		

ZÄHRINGER

Karl Friedrich von Baden [1803 — 1806 Kurfürst, seit 1806 Großherzog]	1803 — 1811	1803	Reichsdeputationshauptschluß: Ende der Kurpfalz, die rechtsrheinische Pfalz geht an Baden über
Karl	1811 — 1818		
Ludwig	1818 — 1830		
Leopold	1830 — 1852		
Friedrich I.	1852 — 1907		
Friedrich II.	1907 — 1918		

Entstehung der Schloßbauten

Festungs- und Wohnbauten vor der Zeit Ludwigs V.

Die Burg auf dem Jettenbühl ist in den Jahren 1294 bis 1303 entstanden.

1303 waren vorhanden: Bergfried, südliche Schildmauer mit Halsgraben, äußere (vielleicht auch schon innere) Umfassungsmauern mit niedrigen Ecktürmen. Im Innern, freistehend oder an die Umfassungsmauern angelehnt, Wohnbauten.

1346 Bau einer Kapelle.

1400 Errichtung des Ruprechtsbaues, zunächst das Erdgeschoß, später das erste Fachwerkobergeschoß.

1450 waren nach Weiterentwicklung der ältesten Anlage von 1303 vorhanden: äußere und innere Ringmauern mit Zwinger, die unteren Teile der alten Turmanlagen an der Ostseite und neue Flankierungstürme. Im Innern eine größere Anzahl an die innere Mauer angelehnter Wohnbauten.

Festungs- und Wohnbauten aus der Zeit Ludwigs V. (1508 bis 1544)

Aufbau des Glockenturms (Bau eines Wohngeschosses) — Verstärkung der südlichen Schildmauer und des südöstlichen Burggrabens — südwestlicher und westlicher Burggraben mit Mauer — Stückgarten — Nordwall — Dicker Turm — Rondell — Seltenleer — Torturm — Brücke — Brückenhaus — Zeughaus.

Frauenzimmerbau — Ludwigsbau — Wirtschaftsgebäude — Soldatenbau mit Brunnenhalle — Ruprechtsbau (steinernes erstes und zweites Obergeschoß, Treppenturm) — Bibliotheksbau.

Vervollständigung der Festungsbauten, Errichtung von Palästen und anderen Kunstbauten (1544 bis 1619)

Bau der Stützmauer des Burgwegs — Große Batterie — Kasematten — Erhöhung der drei Osttürme — Umbau und Erhöhung des Dicken Turms.

Gläserner Saalbau — Ottheinrichsbau — Faßbau, erstes Faß — Altanbau — Friedrichsbau — Elisabethentor — Englischer Bau — Terrassengarten.

Bauten nach dem Dreißigjährigen Krieg (1648 bis 1903)

Neubauten:

Wirtschaftsbauten im Ostzwinger — zweites Faß — Karlsturm und Karlsschanze — Oberer Fürstenbrunnen — drittes Faß — Unterer Fürstenbrunnen.

Instandsetzungen, Änderungen unter

Karl Ludwig (1649—1689): Ottheinrichsbau — Gläserner Saalbau — Glockenturm — Frauenzimmerbau — Ludwigsbau (oberstes Geschoß) — Dicker Turm (Theatersaal) — Apothekerturm — Erneuerung der Stützmauer des Burgwegs.

Johann Wilhelm (1690—1716): Gläserner Saalbau — Friedrichsbau (Schloßkapelle).

Karl Philipp (1716—1742): Eingangstor — Friedrichsbau — Ottheinrichsbau — Glockenturm — Apothekerturm — Wirtschaftsgebäude — Torturm (Haube) — erste steinerne Brücke — zweites Faß erneuert.

Karl Theodor (1742—1799): Eingangsbrücke — Frauenzimmerbau (Notdach) — Friedrichsbau (Notdach) — drittes Faß — Ausbesserung der Stützmauer des Burgwegs.

Karl Friedrich von Baden (1803—1811): Neubau der Stützmauer des Burgwegs — heutige Schloßbrücke.

Friedrich I. von Baden (1852—1907): Wiederherstellung des Friedrichsbaues.

Schloßbauten mit eingemeißelten Jahreszahlen

1524 Ludwigsbau.
1528 Westwall (Stückgarten) und Nordwall.
1529, 1530 Nordwall.
1531, 1541 Torturm.
1533 Dicker Turm.
1534, 1536 „Torriesen" am Torturm.
1543 Umbau des Ruprechtsbaues.
1549 Gläserner Saalbau.
1552 Errichtung der Stützmauer am Burgweg.
1607 Friedrichsbau.
1610 Umbau des Apothekerturms.
um 1614 Umbau des Gesprengten Turms.
1615 Elisabethentor.
1619 Umbau des obersten Geschosses des Dicken Turms.
1651 Erneuerung der Mauer am Burgweg.
1683 Karlsschanze und Karlsturm.
1738 Oberer Fürstenbrunnen.
1751 Ausbesserung der Mauer am Burgweg.
1751 Schilderhäuschen vor dem Eingang.
1767 Unterer Fürstenbrunnen.
1805 Neubau der Stützmauer am Burgweg.

Baustile

Gotik (etwa 1300—1550):

Frühgotik: Gesprengter Turm — Apothekerturm — Glockenturm — Ruprechtsbau (Erdgeschoß) — Adler am Ruprechtsbau.

Spätgotik: Ruprechtsbau (Obergeschoß) — Frauenzimmerbau — Ludwigsbau — Bibliotheksbau — Wirtschaftsgebäude — Soldatenbau mit Brunnenhalle — Torturm — Brückenhaus — Dicker Turm — Erker an der Ostseite des Gläsernen Saalbaues — Faßbau (obwohl Ende des 16. Jahrhunderts).

Renaissance (etwa 1550—1700):

Umrahmung der Wappentafel am Torturm (erstes Eindringen der Renaissance ins Schloß, 1534) — Inschrifttafel am Ruprechtsbau — Kamin im Ruprechtsbau — Gläserner Saalbau (Übergang von der Gotik zur Renaissance) — Ottheinrichsbau — Friedrichsbau — Englischer Bau (Einfluß Palladios) — Elisabethentor — Terrassengarten.

Barock (etwa 1700—1770):

Oberer Fürstenbrunnen — Unterer Fürstenbrunnen — Schilderhäuschen vor dem Eingang.

Baumeister und Bildhauer

Madern Gertener aus Frankfurt a. M., 1360—1430:

Ruprechtsbau (Erdgeschoß) mit dem Schlußstein über dem Portal und dem Adler.

Antoni, Vorgänger Colins in den Arbeiten am Ottheinrichsbau.

Alexander Colin aus Mecheln, 1526—1612:

Ottheinrichsbau: 14 Standbilder zwischen den Fenstern und 14 Fensterpfosten, das Wappen über dem Portal und das Portal selbst; im Erdgeschoß 4 Säulen, 2 Kamine und Türgestelle.

Johannes Schoch aus Königsbach bei Pforzheim, 1550—1631. Zimmermann, später Stadtbaumeister in Straßburg. Kurfürstlicher Baumeister in Heidelberg 1601 bis 1619, wieder in Straßburg 1619—1631:

Friedrichsbau.

Sebastian Götz aus Chur, 1604—1621 Bildhauer in Heidelberg:

Plastischer Schmuck des Friedrichsbaues: 16 Standbilder, Wappen, Ziertafeln, Löwen- und Menschenköpfe. — Standbilder Ludwigs V. und Friedrichs V. am Dicken Turm.

Salomon de Caus aus Dieppe, 1576—1626. Berühmter Ingenieur, Architekt und Physiker. Seit 1612 im Dienst Friedrichs V.:

Elisabethentor, Terrassengarten.

Flémal, Niederländer. Oberingenieur und Baumeister Johann Wilhelms in Düsseldorf:

Wiederherstellung einiger Schloßbauten.

Alessandro Galli da Bibiena aus Bologna, 1687—1748. Theaterarchitekt, später kurfürstlicher Oberbaudirektor. In Heidelberg 1719—1720, dann in Mannheim:

Oberer Fürstenbrunnen.

Schloßliteratur

Älteste Literatur

Verstreute Nachrichten in Festbeschreibungen, Reiseberichten und Chroniken des 16., 17. und 18. Jahrhunderts. Eine Zusammenstellung der ältesten Schloßliteratur für die Zeit 1596—1805 findet sich in dem auch unten erwähnten Werke Marc *Rosenbergs:* „Quellen zur Geschichte des Heidelberger Schlosses" (Heidelberg, 1882).

Ferner: *Kayser,* Johann Peter: „Historischer Schauplatz der alten berühmten Stadt Heydelberg" (Frankfurt a. M., 1733), und

Widderer, J. G.: „Versuch einer vollständigen geographischen und historischen Beschreibung der kurfürstlichen Pfalz am Rhein" (Frankfurt a. M. und Leipzig, 1786).

Die beiden Verfasser behandeln jedoch die Geschichte des Schlosses allzu unkritisch und nebensächlich, als daß von wissenschaftlichen Resultaten die Rede sein könnte. Füllt doch Kayser in seinem immerhin hochwichtigen Buche die Hälfte des dem Schlosse zubemessenen knappen Raumes mit einer Beschreibung des Großen Fasses als der Hauptsehenswürdigkeit aus. Im Vergleich hierzu macht die unten angeführte Wundtsche Schilderung einen sehr vorteilhaften Eindruck. Mögen auch manche der Wundtschen Nachrichten und Zeitangaben vor der späteren Kritik nicht standgehalten haben: ein erster, bedeutsamer Anfang war gemacht und der Grundstein gelegt, auf dem ein Thomas Alfried Leger und Johann Metzger (s. unten) weiterbauen konnten.

Literatur seit 1805

Wundt, Friedrich Peter: Geschichte und Beschreibung der Stadt Heidelberg (Mannheim, 1805).

Schreiber, Aloys: Heidelberg und seine Umgebungen historisch und topographisch beschrieben (Heidelberg, 1811).

Leger, Thomas Alfried: Führer für Fremde durch die Ruinen des Heidelberger Schlosses (Mannheim, 1. Aufl. 1815, 5. Aufl. 1860).

de Graimberg, Charles: Le guide des voyageurs au château de Heidelberg (Mannheim, 1827).
Führer, bearb. nach Leger (Heidelberg, o. J. — 1829?).

Metzger, Johann: Beschreibung des Heidelberger Schlosses und Gartens (Heidelberg, 1829).

von Leonhard, Karl: Fremdenbuch für Heidelberg und Umgegend (Heidelberg, 1834).

Richard-Janillon: Wanderungen durch die Ruinen des Heidelberger Schlosses und seine Umgebungen (Heidelberg, 1857).

Riehl, Wilhelm Heinrich: Kunstdenkmale der Pfalz (Augsburger Allgemeine Zeitung, 1857).

Monographie du château Heidelberg dessinée et gravée par Rudolf *Pfnor,* accompagnée d'un texte historique et descriptif par Daniel *Ramée* (Paris, 1859).

Stark, Karl Bernhard: Das Heidelberger Schloß in seiner kunst- und kulturgeschichtlichen Bedeutung (v. Sybels Historische Zeitschrift, Bd. VI, 1861).

Fickler, C. B. A.: Heidelberg, Stadt, Schloß und Umgebungen (Heidelberg und Lahr, 1863).

„Mitteilungen des Heidelberger Schloßvereins." Erste Reihe, Heidelberg, 1866—1868, enthält u. a.:

Oncken, Wilhelm: Schloß, Stadt und Universität Heidelberg im Jahre 1662.

Miscellen zur Geschichte des Heidelberger Schlosses und seine Beurteilung (Verf. unbek.).

Oncken, Wilhelm: Stadt, Schloß und Hochschule Heidelberg (Heidelberg, 1. Aufl 1869, 2. Aufl. 1874, 3. Aufl. 1885).

Salzer, Robert: Zur Geschichte Heidelbergs in den Jahren 1688 und 1689 (Heidelberg, Programm, 1878).

Geschichte Heidelbergs in den Jahren 1689—1693 (Heidelberg, Programm, 1879).

Mays, Albert: Erklärendes Verzeichnis der vormals Gräflich von Graimbergschen, jetzt Städtischen Kunst- und Altertümer-Sammlung (Heidelberg, 1. Aufl. 1881, 2. Aufl. 1886).

Rosenberg, Marc: Quellen zur Geschichte des Heidelberger Schlosses (Literatur auch für die Zeit von 1805 bis 1880; Heidelberg, 1882).

Seitz, Fritz: Das Heidelberger Schloß und seine Wiederherstellung (Deutsche Bauzeitung, 1882).

Fritsch, K. F. Q.: Das Heidelberger Schloß. Ein Wort für dessen Wiederherstellung („Gartenlaube", 1883).

Mays, Albert: Verzeichnis der Städtischen Kunst- und Altertümer-Sammlung auf dem Heidelberger Schloß. II. Teil, Steindenkmale in der Schloßkapelle (Heidelberg, 1883).

Sauerwein: Das Schloß zu Heidelberg, Lichtdruck mit Text von Marc Rosenberg (Frankfurt a. M., 1883).

Christ, Karl: Zur Baugeschichte des Heidelberger Schlosses im Anschluß an Michael Beheims Lob auf Heidelberg vom Jahr 1470 (Heidelberg, 1884).

Mentzel, E.: Die Kunstsammlungen auf dem Heidelberger Schlosse („Heidelberger Familienblätter", 1884).

Alt, Theodor: Der Meister des Ottheinrichsbaues (Zeitschrift für bildende Kunst. Leipzig, 1884).

„Mitteilungen des Heidelberger Schloßvereins."

Band I (1886) enthält u. a.:

Zangemeister, Karl: Ansichten des Heidelberger Schlosses bis 1764.

Seitz, Fritz: Zur Baugeschichte des Heidelberger Schlosses.

Band II (1887—1890) enthält:

von Horn, A.: Untersuchungen über die Entwicklung der Heidelberger Schloßbefestigung.

Christ, Karl: Der Getten- oder Jettenbühl.

v. Schönherr, David: Alexander Colin und seine Werke.

von Oechelhaeuser, Adolf: Sebastian Götz, der Bildhauer des Friedrichsbaues. Die älteste Erwähnung der beiden Burgen Heidelbergs.

Zangemeister, Karl: Heidelberger Ansichten, Fortsetzung.

Band III (1896) enthält:

Bach, M.: Zur Baugeschichte des Ottheinrichsbaues.

Koch, Julius, und *Seitz,* Fritz: Zur Baugeschichte des Heidelberger Schlosses.

Alt, Theodor: Wer hat die Façade des Ottheinrichsbaues entworfen?

Zangemeister, Karl: Ein Werkmeister des Kurfürsten Friedrichs II. Heidelberger Ansichten, Fortsetzung.

Zangemeister, Karl, und *Thode,* Henry: Die Gemälde-Sammlung des Heidelberger Schlosses. Verzeichnis vom Jahr 1685.

Thode, Henry: Kunstgeschichtliche Anmerkungen zum Inventar der Kunstschätze von 1685.

Band IV (1899—1903) enthält:

Starck, Alfred: Graf Charles de Graimberg, sein Leben und Wirken in Heidelberg.

Die Restauration des badischen Schlosses unter dem badischen Fürstengeschlechte.

Durm, Josef: Die Gründungshypothesen des Heidelberger Schlosses. Der Anteil des Bildhauers Sebastian Götz an der Hoffaçade des Friedrichsbaues.

von Waldberg, M.: Goethes Zeichnungen des Gesprengten Turmes.

Hofmann, Fr. H.: Vom Ottheinrichsbau.

Thomae, Walter: Welche Gestalt hatten die ältesten Giebel des Ottheinrichsbaues?

Neumann, Carl: Der Meister des Ottheinrichsbaues.

Valentiner, W.: Zur Geschichte des Streites um die Erhaltung des Ottheinrichsbaues.

Band V (1905) enthält:

Rott, Hans: Ottheinrich und die Kunst.

Band VI (1912) enthält:

Lohmeyer, Karl: Geplante Umbauten und Verlegungen des Heidelberger Schlosses in der Barockzeit.

Rott, Hans: Die Schriften des Pfalzgrafen Ottheinrich. Zu den Kunstbestrebungen des Pfalzgrafen Ottheinrich.

von Oechelhaeuser, Adolf: Alt-Heidelberg in „Vom Fels zum Meer" (Stuttgart, 1886).

Christ, Karl: Das erste Heidelberger Faß und die damit zusammenhängenden Bauten (Heidelberg, 1886).

Koch, Julius, und *Seitz,* Fritz: Das Heidelberger Schloß (Darmstadt, 1891).

Zentralblatt der Bauverwaltung enthält in den Jahrgängen 1884, 1893, 1895, 1897 und 1902 mehrere Aufsätze über das Heidelberger Schloß von Josef *Durm* und Karl *Schäfer,* ferner von *v. Czihak, Ratzel* und *Ebel.*

Außerdem größere Abschnitte in: Wilhelm *Lübke:* Geschichte der Renaissance in Deutschland (Stuttgart, 1882; 2. Aufl. I, 314—330) — Robert *Dohme:* Geschichte der deutschen Baukunst (Berlin, 1885, S. 348—352) — Gustav *Ebe:* Die Spätrenaissance (Berlin, 1886, I.; 222 f., 386 f.) — G. *von Bezold:* Renaissance in Deutschland (Stuttgart, 1900; S. 99 f.) — Ludwig *Häusser:* Geschichte der rheinischen Pfalz (Heidelberg, 1845).

Besonders wichtig auch: *„Archiv für die Geschichte der Stadt Heidelberg."* Vierteljahrsschrift, herausg. von H. Wirth (Heidelberg, Bd. I, 1868, II, 1869, III, 1870, unvollendet). Seine Fortsetzung bildet: *Neues Archiv* für die Geschichte der

Stadt Heidelberg und der rheinischen Pfalz, herausg. von Albert Mays und Karl Christ (Heidelberg, 1890 ff.). Aus dem reichen Inhalt der ersten 10 Bände seien die für die Geschichte des Schlosses wichtigen Aufsätze hervorgehoben:

Huffschmid, Maximilian: Zur Geschichte des Heidelberger Schlosses (III, 1 ff.). Nachträge zur Geschichte des Heidelberger Schlosses (III, 174 ff.).

Sillib, Rudolf: Altes und Neues über die Ahnengalerie auf dem Heidelberger Schloß (VIII, 53 ff.).

Auch die bei der 500-Jahrfeier der Universität Heidelberg von

K. Bartsch und A. Koch (Verlag von Otto Petters, Universitäts-Buchhandlung Heidelberg) herausgegebene Festchronik *Ruperto-Carola* enthält einige auf das Schloß bezügliche Aufsätze von Marc Rosenberg, Robert Salzer u. a.

Haupt, Albrecht: Zur Baugeschichte des Heidelberger Schlosses (Frankfurt a. M., 1902). Peter Flettner, der erste Meister des Ottheinrichsbaues (Leipzig, 1904).

Koßmann, B.: Der Ostpalast, sog. Ottheinrichsbau zu Heidelberg (Straßburg, 1904).

Alt, Theodor: Die Entstehungsgeschichte des Ottheinrichsbaues (Heidelberg, 1905).

Zeller, A.: Das Heidelberger Schloß und seine Baugeschichte (Karlsruhe, 1905).

Schrieder, H.: Zur Entstehungsgeschichte des Ottheinrichsbaues (Heidelberg, 1912).

von Oechelhaeuser, Adolf: Bearbeitung der Baugeschichte des Heidelberger Schlosses im 8. Bande der „Kunstdenkmäler des Großherzogtums Baden“ (Tübingen, 1913).

Die *Schloßpoesie* ist zusammengestellt in: „Heidelberg, gefeiert von Dichtern und Denkern in fünf Jahrhunderten.“ Festgabe zum Jubiläum der Universität, herausgegeben von Albert Mays (Heidelberg, 1886).

Die *Streitliteratur* über die Wiederherstellung des Schlosses ist von W. Valentiner (bis z. J. 1903) im 4. Bande der „Mitteilungen des Schloßvereins“ aus den Akten des Schloßvereins, teils in Regestenform, teils in längeren Auszügen chronologisch übersichtlich zusammengestellt.

Von älteren Handbüchern, Führern u. a. seien genannt:

Reimbeck, G.: Heidelberg und seine Umgebung im Sommer 1807 (Tübingen, 1808).

Engelmann, J. B.: Heidelbergs alte und neue Zeit. Stadt, Universität, Bibliothek, Schloß und Umgebungen (Heidelberg, 1823).

Handbuch für Reisende nach Heidelberg und in seine Umgebungen (Heidelberg o. J., bei J. Engelmann).

Gedenkbüchlein für alle, die in Heidelberg froh und vergnügt waren (Heidelberg, 1837 bei K. Groos).

Jacobi, H.: Panorama von Heidelberg und seinen Umgebungen (Heidelberg, 1843).

Hoffmeister, W.: Heidelberg und seine Umgebungen (Heidelberg, 1862).

Wegweiser durch Heidelberg und seine Umgebungen (5. Aufl., Heidelberg, 1882 bei K. Groos).

Koch von Berneck: Heidelberg und Umgebung. Städtebilder und Landschaften aus aller Welt, Nr. 80—81a (Zürich, J. Laurencic).

Pfaff, Karl: Heidelberg. Europäische Wanderbilder (Zürich, Orell Füßli). Heidelberg und Umgebung (Heidelberg, 1897, 1. Aufl.; 1902, 2. Aufl.; 3. umgearbeitete Aufl. mit 112 Abbildungen und 2 Plänen, besorgt von Rudolf Sillib, Heidelberg, 1910).

Ergänzungen zur 7. Auflage

Hermann Eris Busse: Heidelberg und das Neckartal, 1939 (S. 472–473). [Literatur.]

Paul Daehne: Das Große Faß, 1930.

Georg Dehio und *Ernst Gall:* Handbuch der deutschen Kunstdenkmäler (4. Band, Rheinfranken), 1943.

Helmut Endemann: Unbekanntes Heidelberger Schloß, o. J.

Karl Kölmel: Heidelberger Schloßführer, o. J. [1952].

Theodor Lorentzen: Führer durch das Heidelberger Schloß, o. J.

Fried Lübbecke: Madern Gertener („Frankfurter Zeitung", 2. Juli 1940).

Alexander von Reitzenstein: Ottheinrich von der Pfalz, 1940.

Fritz Sauer: Das Heidelberger Schloß im Spiegel der Literatur, 1910.

Ludwig Schmieder: Kurpfälzisches Skizzenbuch, 1926. Führer durch das Heidelberger Schloß, o. J. (6. Aufl.).

Franz Schneider: Heidelberg, seine Natur und sein geschichtliches Leben, 1931.

Hubert Schrade: Heidelberg und das Neckartal, 1935.

Rudolf Sillib und *Karl Lohmeyer:* Heidelberg („Stätten der Kultur", Band 36). o. J.

Wolfram Waldschmidt: Alt-Heidelberg und sein Schloß, 1909.

Wilhelm Zähringer: Mein Heidelberg, 1921.

Ergänzungen zur 8. Auflage

(Weitere Nachweise S. 95–101)

Willy Andreas: Romantik in Heidelberg. In: Badische Heimat 43, 1963.

Karl Baedeker: Heidelberg. Stuttgart, 3. Aufl. 1982.

Hermann Baier: Das Schloß von Heidelberg. Gedanken zur Pflege und Unterhaltung. In: Badische Heimat 43, 1963, 125–139.

Richard Benz: Heidelberg, Schicksal und Geist. Sigmaringen, 2. Aufl. 1975.

Kai Budde: Renaissancebauten des Heidelberger Schlosses. In: Baden-Württemberg, 33, 1986, H. 2, 26–29.

Kai Budde/Klaus Merten: Die Architektur im deutschen Südwesten zwischen 1530–1634. In: Die Renaissance im deutschen Südwesten zwischen Reformation und Dreißigjährigem Krieg. Eine Ausstellung des Landes Baden-Württemberg [. . .]. Heidelberger Schloß 21. Juni bis 19. Oktober 1986 [. . .]. Karlsruhe 1986. Bd. 1, 86–148.

Farbenfreude im Heidelberger Schloß. Eine nicht alltägliche Malerarbeit. In: Das Deutsche Malerblatt, 48, 1977, 862–869.

Lili Fehrle-Burger: Elisabeth Stuart und Heidelberg im Zeitalter Shakespeares. In: Werke und Wege. Eine Festschrift für Dr. Eberhard Knittel zum 60. Geburtstag. Karlsruhe 1959, S. 122–136.

– : „Ein fürchterlich-schöner Anblick". Die Heidelberger Schloßbeleuchtung im Spiegel der Jahrhunderte. In: Heidelb. Fremdenblatt, 1960/61, Ausg. 6.

– : Der Hortus Palatinus und sein Meister Salomon de Caus. In: Heidelb. Fremdenblatt, 1960/61, Ausg. 9.

– : „Heute Kurfürst oder nimmermehr!" Der Friedrichsbau als Symbol der kurpfälzischen Hausmacht. In: Heidelb. Fremdenblatt, 1961/62, Ausg. 9.

– : Der Hortus Palatinus als „achtes Weltwunder". In Ruperto-Carola, Jg. 14, Bd. 31, 1962, 106–119.

– : Baukosten und Finanzierung am Beispiel des kurfürstlichen Schlosses zu Heidelberg. In: Der Heidelb. Portländer 1970, H. 1, 12–18.

– : Die Welt der Oper in den Schloßgärten von Heidelberg und Schwetzingen. Karlsruhe 1977.

Jochen Goetze und *Walter Roggenkamp:* Medaillen des Kurfürsten von der Pfalz. Die Schaeffersche Suite von 1758. Heidelberg 1980.

Heidelberg um 1900. Stadt und Universität in einer Phase der Expansion. Kurpfälzisches Museum der Stadt Heidelberg. Ausstellung aus Anlaß des 600-jährigen Jubiläums der Universität Heidelberg im Kupferstichkabinett des Museums. 7. Juni bis 9. November 1986, S. 47, Sp. 1 u. 2.

Günter Heinemann: Heidelberg. München, 2. Aufl. 1984.

Bernhard Herr: Graf Graimberg und die Erhaltung der Heidelberger Schloßruine. In: Heidelb. Fremdenblatt, 1964/65, Ausg. 14.

Hermann Hoepke: Alt Heidelberg. Heidelberg, 3. Aufl. 1980.

Jens Christian Jensen: Das Heidelberger Schloß. Variationen über ein weltbekanntes Thema. In: Heidelb. Fremdenblatt, 1962/63, Ausg. 1.

Rudolf Kettemann: Heidelberg im Spiegel seiner ältesten Beschreibung. Heidelberg 1986.

Karl Kollnig: Kurpfalz – Ereignisse und Gestalten. Heidelberg, 5. Auflage 1986.

Erich O. Lauer: Das Heidelberger Schloß in der Musikgeschichte. In: Heidelb. Fremdenbl., 1964/65, Ausg. 12.

Manon Maren-Grisebach: Der wundersame Zauber des Zerstörten. Das Heidelberger Schloß. In: Merian, 37, 10, 1984, 28–37.

Ludwig Merz: Die Redoute. Als Gartenhaus geplant – zur Befestigung ausgebaut. In: Ruperto-Carola, Jg. 16, Bd. 36, 1964, 93–98.

– : Die Residenzstadt Heidelberg. Heidelberg 1986.

Klaus Mugdan: Der Hortus Palatinus. In: Badische Heimat, 43, 1963, 140–152.

– : Der Hortus Palatinus und das Weltwunder des Salomon de Caus. In: Sonntagsblatt, Nr. 11, 1964.

– : Die Gestalt des Grafen Graimberg. In: Schlösser, Burgen, Ruinen in der Malerei der Romantik. Ausstellung des Kurpfälzischen Museums im Ottheinrichsbau des Schlosses, 1965.

Ottheinrich. Gedenkschrift zur vierhundertjährigen Wiederkehr seiner Kurfürstenzeit in der Pfalz 1556–1559. Hrsg. v. Georg Poensgen, Ruperto-Carola, Sonderband, Heidelberg 1956.

Kurfürst Ottheinrich. Drei Vorträge, gehalten bei der Feier der Universität Heidelberg am 27. Juni 1956 von Siegfried Reicke, Heinrich Bornkamm und Walter Paatz. In: Ruperto-Carola, Bd. 20, 1956.

Georg Poensgen: Der Ottheinrichsbau als Ausstellungsforum. In: Studien zur Kunst des Oberrheins. Festschrift für Werner Noack. Konstanz/Freiburg i. Br., 1959, 162–170.

– : Heidelberg. Ansichten aus alter Zeit. Honnef/Rh. 1957.

– : Kunstschätze in Heidelberg aus dem Schloß, den Kirchen und den Sammlungen der Stadt. Erläuterungen zu den Bildern, bearb. von Anneliese Seeliger-Zeiss. München 1967.

– : Das Heidelberger Schloß. Bau – Geschichte – Schicksal. In: Heidelb. Jahrbücher, XVIII, 1974.

Kurt Rossmann: Der Ottheinrichsbau des Heidelberger Schlosses und sein Bauherr. Heidelberg 1949.

E[rwin] R[upp]: Baumeister und Steinmetzen am Friedrichsbau des Heidelberger Schlosses. Nach Unterlagen von Herbert Derwein. In: Der Heidelb. Portländer, 1961, H. 1, 36–39.

Schloßbibliothek. In: Bibliotheca Palatina. Ausstellung der Universität Heidelberg in Zusammenarbeit mit der Bibliotheca Apostolica Vaticana. Katalog zur Ausstellung vom 8. Juli bis 2. November 1986, Heiliggeistkirche Heidelberg [. . .]. Textband S. 187–367. Heidelberg, 2. Aufl. 1986.

Eberhard Schöll: „Ein groß Stückh Schloß und Statt Heidelberg." Ein Beitrag zur Schloßausstellung 1963. In: Heidelb. Fremdenblatt, Ausg. 8, 1963/64.

– : Der Schloßbrand von 1764. In: Heidelb. Fremdenblatt, 1964/65, Ausg. 9.

Jutta Schuchard: Carl Schäfer, 1844–1908. In: Materialien zur Kunst des 19. Jahrh., 21. München 1979.

Will Siepen: Der Hortus Palatinus – der grüne Stadtraum 1960. In: Der Heidelb. Portländer, 1960, 6, 6–11.

Ferdinand von Sternberg: Die Kellergewölbe des Schlosses. In: Heidelb. Fremdenblatt, 1963/64, Ausg. 12

Emil Joseph Vierneisel: Charles de Graimberg und das Heidelberger Schloß. In: Ruperto-Carola, Jg. 16, Bd. 36, 1964, S. 65–78.

Sigrid Wechssler: Heidelberg, das Neckartal und der Kraichgau. Südliches Land unter deutschem Himmel. Amorbach 1973.

Werner Wolfert: Der Königssaal des Heidelberger Schlosses. In: Heidelb. Fremdenblatt, 1964/65, Ausg. 3.

Personen-, Orts- und Sachverzeichnis

CIP-Kurztitelaufnahme der Deutschen Bibliothek

Oechelhäuser, Adolf von:

Das Heidelberger Schloss / Adolf von Oechelhäuser. – 8. Aufl. / mit Anm. u. e. Kap. „Die Heidelberger Schlossruine im Rahmen der romantischen Bewegung“ von Joachim Göricke. – Heidelberg : Guderjahn, 1987.

2.–7. Aufl. im Hörning-Verl., Heidelberg

ISBN 3-924973-03-2

NE: Göricke, Joachim: Die Heidelberger Schlossruine im Rahmen der romantischen Bewegung